# Operaciones auxiliares de mantenimiento de sistemas microinformáticos

Roberto Pérez Huguet

**Operaciones auxiliares de mantenimiento de sistemas microinformáticos**
© Roberto Pérez Huguet

1ª Edición

© IC Editorial, 2025

Editado por: IC Editorial
c/ Cueva de Viera, 2, Local 3
Centro Negocios CADI
29200 Antequera (Málaga)
Teléfono: 952 70 60 04
Fax: 952 84 55 03
Correo electrónico: iceditorial@iceditorial.com
Internet: www.iceditorial.com

ISBN: 979-13-7027-097-1
Depósito Legal: MA 1998-2025

Impresión: PODiPrint
Impreso en Andalucía – España

Nota de la editorial: IC Editorial pertenece a Innovación y Cualificación S. L.

## Presentación del manual

El **Certificado de Profesionalidad** es el instrumento de acreditación, en el ámbito de la Administración laboral, de las cualificaciones profesionales del Catálogo Nacional de Cualificaciones Profesionales adquiridas a través de procesos formativos o del proceso de reconocimiento de la experiencia laboral y de vías no formales de formación.

El elemento mínimo acreditable es la **Unidad de Competencia**. La suma de las acreditaciones de las unidades de competencia conforma la acreditación de la competencia general.

Una **Unidad de Competencia** se define como una agrupación de tareas productivas específica que realiza el profesional. Las diferentes unidades de competencia de un certificado de profesionalidad conforman la **Competencia General**, definiendo el conjunto de conocimientos y capacidades que permiten el ejercicio de una actividad profesional determinada.

Cada **Unidad de Competencia** lleva asociado un **Módulo Formativo**, donde se describe la formación necesaria para adquirir esa **Unidad de Competencia**, pudiendo dividirse en **Unidades Formativas**.

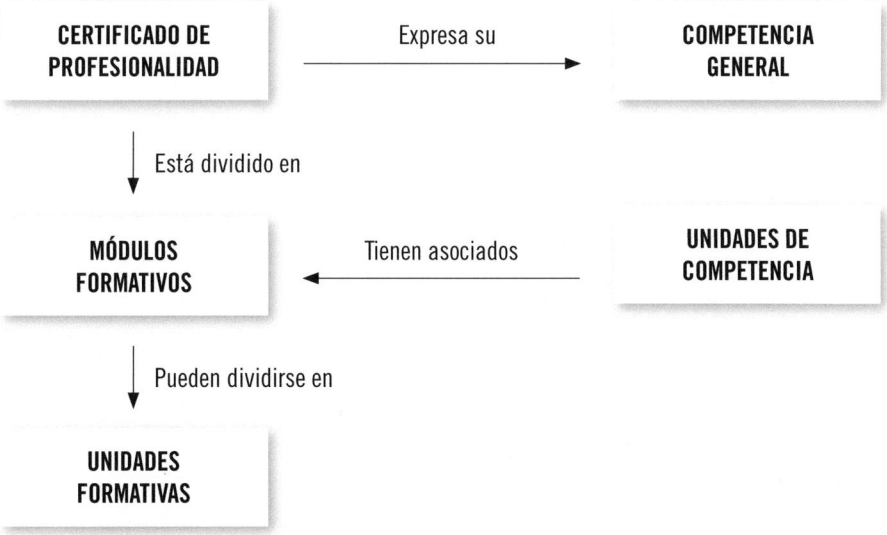

El presente manual pertenece al Módulo Formativo **MF1208_1: Operaciones auxiliares de mantenimiento de sistemas microinformáticos,**

asociado a la unidad de competencia **UC1208_1: Realizar operaciones auxiliares de mantenimiento de sistemas microinformáticos,**

del Certificado de Profesionalidad **Operaciones auxiliares de montaje y mantenimiento de sistemas microinformáticos**

| **MF1208_1**<br>**OPERACIONES AUXILIARES DE MANTENIMIENTO DE SISTEMAS MICROINFORMÁTICOS** | Tiene asociado el ← | **UNIDAD DE COMPETENCIA**<br>**UC1208_1**<br>Realizar operaciones auxiliares de mantenimiento de sistemas microinformáticos |

# FICHA DE CERTIFICADO DE PROFESIONALIDAD

## (IFCT0108) OPERACIONES AUXILIARES DE MONTAJE Y MANTENIMIENTO DE SISTEMAS MICROINFORMÁTICOS

**COMPETENCIA GENERAL:** Realizar operaciones auxiliares de montaje y mantenimiento de equipos microinformáticos y periféricos, bajo la supervisión de un responsable, aplicando criterios de calidad y actuando en condiciones de seguridad y respeto al medio ambiente, siguiendo instrucciones y procedimientos establecidos

| Cualificación profesional de referencia | | Unidades de competencia | Ocupaciones o puestos de trabajo relacionados: |
|---|---|---|---|
| IFC361_1 OPERACIONES AUXILIARES DE MONTAJE Y MANTENIMIENTO DE SISTEMAS MICROINFORMÁTICOS<br><br>(RD 1701/2007, de 14 de diciembre) | UC1207_1: | Realizar operaciones auxiliares de montaje de equipos microinformáticos | • Operario en montaje de equipos microinformáticos<br>• Operario en mantenimiento de sistemas microinformáticos |
| | UC1208_1: | Realizar operaciones auxiliares de mantenimiento de sistemas microinformáticos | |
| | UC1209_1: | Realizar operaciones auxiliares con tecnologías de la información y la comunicación | |

## Correspondencia con el Catálogo Modular de Formación Profesional

| Módulos certificado | Unidades formativas | Horas U.F. |
|---|---|---|
| MF1207_1: Operaciones auxiliares de montaje de componentes informáticos | UF0465: Montaje de componentes y periféricos microinformáticos | 90 |
| | UF0466: Testeo y Verificación de Equipos y periféricos microinformáticos | 40 |
| **MF1208_1: Operaciones auxiliares de mantenimiento de sistemas microinformáticos** | | 70 |
| MF1209_1: Operaciones auxiliares con tecnologías de la información y la comunicación | | 90 |
| MP0098: Módulo de prácticas profesionales no laborales | | 80 |

# Índice

Capítulo 1
## Técnicas auxiliares de mantenimiento de sistemas microinformáticos

1. Introducción    9
2. Terminología de mantenimiento    9
3. Tipos de mantenimiento    19
4. Acciones del mantenimiento correctivo    22
5. Los cinco niveles de mantenimiento    23
6. Mantenimiento de sistemas microinformáticos. Importancia    24
7. Servicios típicos de una empresa de mantenimiento informático    25
8. Descripción y clasificación de técnicas auxiliares de mantenimiento de sistemas microinformáticos    26
9. Resumen    32
   Ejercicios de repaso y autoevaluación    35

Capítulo 2
## Verificación del sistema

1. Introducción    41
2. Tipos de particiones del disco duro    41
3. Programas *post*    47
4. *Software* de diagnóstico    48
5. *Software* de prueba de velocidad    53
6. Herramientas de verificación y optimización del disco duro    55
7. Resumen    59
   Ejercicios de repaso y autoevaluación    61

Capítulo 3
## Mantenimiento de equipos microinformáticos

1. Introducción    67
2. Medidas de seguridad en el mantenimiento de equipos microinformáticos    67
3. Herramientas de *software* para el mantenimiento preventivo    71
4. Características de los soportes, periféricos y unidades de almacenamiento desde el punto de vista del mantenimiento    78

5. Técnicas de comprobación de soportes y periféricos     82
6. Herramientas de limpieza     84
7. Tipos de mantenimiento y limpieza de soportes     87
8. Precauciones de almacenamiento de soportes informáticos     90
9. Mantenimiento periódico de unidades de almacenamiento     93
10. Operaciones de mantenimiento de impresoras y periféricos     95
11. Resumen     99
    Ejercicios de repaso y autoevaluación     101

Capítulo 4
## Elementos consumibles de sistemas microinformáticos

1. Introducción     107
2. Tipos y características     107
3. Material fungible de impresión     108
4. Conservación de elementos consumibles     119
5. Procedimientos de sustitución de elementos consumibles     121
6. Seguridad en procedimientos de manipulación y sustitución
    de elementos consumibles     126
7. Seguridad ambiental en la sustitución de consumibles informáticos     131
8. Resumen     133
    Ejercicios de repaso y autoevaluación     137

Capítulo 5
## Métodos de replicación física de particiones y discos duros

1. Introducción     143
2. Programas de copia de seguridad     143
3. Clonación     147
4. Funcionalidad y objetivos del proceso de replicación     150
5. Seguridad y prevención en el proceso de replicación     151
6. Particiones de discos     152
7. Herramientas de creación e implantación de imágenes
    y réplicas de sistemas     160
8. Resumen     169
    Ejercicios de repaso y autoevaluación     171

Capítulo 6
## Etiquetado, embalaje, almacenamiento y traslado de equipos, periféricos y consumibles

1. Introducción     177
2. Condiciones     177
3. Tipos de embalaje     179
4. Procedimientos de etiquetado     181
5. Herramientas y accesorios de etiquetado     183
6. Conservación de las herramientas     186
7. Garantías de los componentes, periféricos y consumibles
    en equipos microinformáticos     188

8. Albaranes     191
9. Almacenamiento     194
10. Gestión, eliminación o reciclaje de los residuos     212
11. Resumen     214
    Ejercicios de repaso y autoevaluación     217

Capítulo 7
## Tratamiento de residuos informáticos

1. Introducción     223
2. Ciclo de vida de los equipos informáticos     223
3. Real Decreto 208/2005, sobre aparatos eléctricos y electrónicos
y la gestión de sus residuos     227
4. Real Decreto 106/2008, sobre pilas y acumuladores y la gestión
ambiental de sus residuos     241
5. Resumen     251
    Ejercicios de repaso y autoevaluación     253

Bibliografía     257

Capítulo 1

# Técnicas auxiliares de mantenimiento de sistemas microinformáticos

# Contenido

1. Introducción
2. Terminología de mantenimiento
3. Tipos de mantenimiento
4. Acciones del mantenimiento correctivo
5. Los cinco niveles de mantenimiento
6. Mantenimiento de sistemas microinformáticos. Importancia
7. Servicios típicos de una empresa de mantenimiento informático
8. Descripción y clasificación de técnicas auxiliares de mantenimiento de sistemas microinformáticos
9. Resumen

# 1. Introducción

El mantenimiento de los sistemas microinformáticos es una tarea fundamental en la gestión de cualquier equipo informático, ya que garantiza su correcto funcionamiento y prolonga su vida útil. Este proceso no solo implica la realización de las reparaciones oportunas cuando algo falle, sino también una serie de actividades preventivas y correctivas que aseguren que los sistemas operan de manera eficiente y segura.

Las técnicas auxiliares de mantenimiento abarcan desde la limpieza física y chequeo de los componentes de *hardware* hasta la actualización y optimización del *software,* permitiendo resolver los problemas más habituales y prevenir posibles fallos que puedan derivar en pérdidas de información o interrupciones en el servicio.

Las tareas de mantenimiento no se limitan únicamente a corregir las averías una vez que se producen, sino que implican un esfuerzo constante por mantener el equipo en óptimas condiciones. Para ello, se apoyarán en las pruebas periódicas de los sistemas para asegurar que todos los componentes funcionan correctamente dentro de los parámetros esperados.

# 2. Terminología de mantenimiento

Para llevar a cabo correctamente las tareas de mantenimiento de los sistemas microinformáticos, se debe estar familiarizado con algunos términos para facilitar las posteriores tareas de mantenimiento. Los términos más usados habitualmente son los que se recogen en los siguientes apartados.

## 2.1. *Hardware*

El *hardware* se refiere a todas las partes físicas que componen un ordenador, es decir, todos los elementos que se pueden tocar. Estos elementos son esenciales para el funcionamiento de cualquier sistema informático y se dividen en varias categorías según su función.

En este apartado se pueden encontrar los discos duros, la memoria RAM, la fuente de alimentación, los lectores DVD, etc.

## 2.2. *Software*

El *software* hace referencia a los programas y aplicaciones que están instalados en un equipo. Abarca tanto los sistemas operativos *(Windows, macOS* y *Linux)* como las aplicaciones específicas, como los procesadores de texto, los navegadores web o los programas específicos de trabajo.

A diferencia del *hardware,* el *software* es intangible y puede modificarse o actualizarse sin modificar los componentes de *hardware* del equipo. El *software* es la parte encargada de gestionar los recursos del sistema atendiendo a las necesidades del usuario.

 Importante

El mantenimiento del *software* es fundamental para garantizar el correcto funcionamiento de los sistemas informáticos, lo que implica la actualización regular de los programas, la desfragmentación de los discos o la eliminación del *software* que no se utiliza o malicioso.

## 2.3. Disco duro

Es un dispositivo de almacenamiento, generalmente interno, de datos que utiliza la grabación magnética para guardar y recuperar la información digital. Las unidades de medida utilizadas para los discos duros suelen ser los Gigabytes (GB) o los Terabytes (TB), y las capacidades habituales son 500 GB, 750 GB o 1 TB, entre otras.

Los discos duros pueden ser principalmente de dos tipos:

- **Discos duros mecánicos (HDD):** utilizan platos giratorios y un brazo lector para escribir y leer datos.
- **Unidades de estado sólido (SSD):** no tienen partes móviles y almacenan los datos en chips de memoria *flash*. Son más rápidos y duraderos, aunque suelen ser más costosos.

Entender el funcionamiento y las características de los discos duros es fundamental para cualquier persona que trabaje manteniendo los sistemas microinformáticos.

*Los discos duros mecánicos presentan problemas al trabajar cerca de campos magnéticos.*

## 2.4. Memoria RAM

La memoria RAM (memoria de acceso aleatorio) es el elemento encargado de almacenar temporalmente la información y los datos que están siendo utilizados por el sistema operativo y las aplicaciones cuando se ejecutan. Al ser una memoria volátil, la información almacenada en ella se borra cuando se apaga el ordenador. La RAM permite al equipo acceder a los datos de la aplicación más rápidamente que si tuviera que acceder directamente al disco duro, mejorando así el rendimiento general del sistema.

Existen distintos tipos de memoria RAM, como DDR *(double data rate)*, DDR2, DDR3 y DDR4, cada una con diferentes velocidades y capacidades. La cantidad y la velocidad de la memoria RAM instalada en un ordenador afectan a la capacidad de gestionar los recursos del equipo informático, como las aplicaciones de edición de vídeo, diseño gráfico o videojuegos.

**Sabía que...**

La memoria RAM para equipos de sobremesa suele ser más grande y se instala en módulos DIMM *(dual inline memory module)*, y la memoria RAM para equipos portátiles se presenta en formatos más compactos, como son los módulos SODIMM *(small outline* DIMM).

Entender la importancia y el funcionamiento que la memoria RAM tiene en el rendimiento de los sistemas microinformáticos es fundamental para conseguir que los equipos funcionen de manera eficiente y rápida.

*Las memorias RAM incorporan una ranura que ayuda a su instalación dentro de la ranura correspondiente.*

## 2.5. Sistema binario

El sistema binario es el pilar fundamental del funcionamiento de los equipos informáticos. Este sistema numérico se basa únicamente en los dígitos 0 y 1, a diferencia del sistema decimal, que emplea diez dígitos, del 0 al 9.

Cada uno de estos dígitos binarios (0 y 1) se denomina bit, que es la unidad mínima de información con la que se trabaja en la informática.

El uso del sistema binario se debe a su simplicidad y eficiencia para representar estados eléctricos en los circuitos de los equipos informáticos, donde 0 se asocia a un estado de apagado y 1 se asocia a un estado de encendido. Esta representación binaria permite a los circuitos electrónicos procesar y almacenar datos de manera rápida y efectiva.

 Ejemplo

Para convertir un número decimal a binario, se debe seguir un proceso de división sucesiva por 2, anotando los restos obtenidos en cada paso. A continuación, se mostrará este proceso con un ejemplo en el que se convertirá el número decimal 156 en su equivalente binario.

Solución

Se debe dividir el número decimal entre 2 y anotar el cociente y el resto, repitiendo este proceso con el cociente obtenido en el paso anterior hasta obtener un cociente cuyo valor sea 0.

El número binario se obtiene leyendo los restos de abajo hacia arriba.

| División por 2 | Cociente | Resto |
|:---:|:---:|:---:|
| (156 ÷ 2) | 78 | 0 |
| (78 ÷ 2) | 39 | 0 |
| (39 ÷ 2) | 19 | 1 |
| (19 ÷ 2) | 9 | 1 |
| (9 ÷ 2) | 4 | 1 |
| (4 ÷ 2) | 2 | 0 |
| (2 ÷ 2) | 1 | 0 |
| (1 ÷ 2) | 0 | 1 |

Continúa en página siguiente >>

<< Viene de página anterior

Leyendo los restos de abajo hacia arriba, se obtiene el número binario **10011100,** lo que indica que el número decimal 156 es igual a 10011100 en binario.

## 2.6. Sistema operativo

Un sistema operativo es el *software* esencial que actúa como intermediario entre el usuario y el *hardware* de un equipo informático. Su principal función es gestionar los recursos del sistema y proporcionar una interfaz amigable que permita la interacción con el equipo de manera eficiente. Los sistemas operativos permiten la ejecución de programas y aplicaciones, asegurando que los recursos (como la CPU, la memoria y los dispositivos de entrada y salida) se utilicen de manera óptima.

Existen diversos tipos de sistemas operativos, cada uno diseñado para un entorno diferente. Los más utilizados son *Windows, macOS* y *Linux,* cada uno con sus propias características, ventajas y desventajas.

El sistema operativo, además de facilitar la comunicación entre el *hardware* y el *software,* también proporciona otros servicios, como la gestión de archivos, la administración de los usuarios y la seguridad del sistema. A través de su interfaz gráfica, los usuarios pueden realizar tareas (como la navegación por internet, la edición de documentos o la reproducción de los archivos multimedia) de manera intuitiva y accesible.

 Actividades

1. Realice una tabla en la que se comparen los distintos estándares de memorias RAM.
2. Investigue acerca de las memorias ROM y dónde se utilizan.

Continúa en página siguiente >>

<< Viene de página anterior

3. Analice las distintas distribuciones del sistema operativo *Linux*. ¿Cuál de ellas considera que es la que más se adapta a sus necesidades?

---

## 2.7. Factores que influyen en el mantenimiento de sistemas informáticos

El mantenimiento de los sistemas informáticos es una tarea crucial para garantizar su correcto funcionamiento y prolongar su vida útil. Este proceso abarca una serie de actividades destinadas a conservar y optimizar el rendimiento de los componentes tanto de *hardware* como de *software*. Los factores que influyen en el mantenimiento de los sistemas informáticos son diversos y abarcan desde aspectos técnicos hasta ambientales. Comprender estos factores es esencial para implementar prácticas efectivas de mantenimiento que aseguren la estabilidad, seguridad y eficiencia de los sistemas.

### La temperatura

La temperatura es un factor importante de avería de los dispositivos electrónicos.

Los microprocesadores son los elementos que más se calientan en un equipo informático, debido a que están formados por transistores que pasan por varios estados, aumentando el consumo de energía cada vez que se produce un cambio de estado.

La solución más habitual contra el calor es su disipación mediante los disipadores y ventiladores. Por ese motivo, la fuente de alimentación tiene un ventilador, el microprocesador tiene un disipador y un ventilador asociados, la tarjeta gráfica también, etc.

*Conjunto de disipador y ventilador para procesador*

 **Sabía que...**

La temperatura se puede medir mediante sensores por *software* o *hardware*.

 **Aplicación práctica**

**Si el ventilador que se ubica sobre el microprocesador dejase de funcionar, las temperaturas internas del procesador aumentarían rápidamente, generando un problema grave en el microprocesador debido al sobrecalentamiento. ¿Cuál sería el proceso de reparación del ventilador que está justo encima del microprocesador en caso de que se averiase?**

**SOLUCIÓN**

1. Apagar el equipo para evitar daños al microprocesador y a otros componentes debido al calor generado.
2. Verificar el estado del ventilador asegurando que no está obstruido por polvo o suciedad.
3. Reemplazar el ventilador si está averiado por uno nuevo o compatible.
4. Aplicar pasta térmica para mejorar la transferencia de calor entre el disipador de calor y el microprocesador.

Continúa en página siguiente >>

<< Viene de página anterior

5. Encender y monitorizar las temperaturas para asegurar que se encuentran dentro de los rangos normales.
6. Realizar un mantenimiento periódico del equipo.

---

### Polvo y partículas

El polvo, que está suspendido en el aire, se deposita sobre todas las superficies de los objetos, lo que provoca una reducción en la refrigeración de los equipos y componentes, al obstruir las vías de ventilación, reducir la efectividad de los ventiladores, etc.

Para evitar el polvo en los equipos, se pueden utilizar rejillas antipartículas. Se debe limpiar la parte exterior con un paño húmedo y un producto repelente al polvo, y realizar una limpieza interna del equipo, al menos, cada 6 meses con un *spray* antipolvo que no daña los componentes electrónicos.

### Humedad y corrosión

Aunque los equipos suelen diseñarse para trabajar con unos grados de humedad y corrosión, puede darse el caso de que alcancen valores mayores a los de diseño, lo que provocará la aparición de corrosión sobre los componentes de los equipos.

En el caso de que los equipos tengan que trabajar en entornos con altos niveles de humedad, se recomienda que se instalen deshumidificadores que absorban la humedad del ambiente evitando, de esta manera, que el equipo informático se vea afectado.

### Líquidos

Los líquidos son otro riesgo importante al que se enfrentan los equipos informáticos, ya que puede caer algún líquido sobre cualquier componente.

 **Importante**

Si le cae un líquido a un equipo informático, la primera acción que hay que llevar a cabo es apagarlo.

## Impactos y vibraciones

Al referirnos a la fiabilidad y a la durabilidad de los equipos informáticos, es crucial destacar la importancia que adquieren los impactos y las vibraciones. Estos factores pueden afectar gravemente el rendimiento y la vida útil de los componentes internos de los dispositivos.

Los impactos físicos pueden dañar gravemente cualquier parte del equipo, especialmente los discos duros. Un impacto mientras el equipo está en funcionamiento puede causar pérdidas de datos y fallos mecánicos. Es esencial manejar los equipos con cuidado y proporcionarles la protección adecuada durante el transporte.

Las vibraciones, aunque menos evidentes que los impactos bruscos, también son una amenaza para los equipos informáticos, puesto que pueden provocar que los componentes internos se suelten de sus conectores, afectando al funcionamiento del sistema.

## Electricidad electrostática

La electricidad electrostática se genera por la acumulación de cargas eléctricas en la superficie de un material. Este fenómeno ocurre habitualmente en los ambientes secos y puede causar daños graves a los componentes electrónicos debido a las descargas que se producen cuando una persona o un objeto cargado electrostáticamente entra en contacto con los dispositivos.

## Actividades

4. Realice un listado con distintas acciones que llevaría a cabo para reducir la temperatura de un equipo microinformático.
5. ¿Qué acciones llevaría a cabo para prevenir una descarga electrostática antes de comenzar a manipular un equipo informático?

# 3. Tipos de mantenimiento

El mantenimiento es una actividad esencial para asegurar que los equipos electrónicos e informáticos se mantengan en óptimas condiciones de operatividad y continúen cumpliendo las funciones para las que han sido diseñados. De la definición anterior se desprende que algunos elementos clave del mantenimiento son la reparación de las averías, la prevención de los fallos, la adaptación de los equipos a los nuevos requerimientos y la incorporación de las nuevas funcionalidades y mejoras.

Dentro del mantenimiento de los sistemas informáticos, se integra tanto el mantenimiento físico (reparación de fallos, actualización de equipos, instalación de tarjetas y componentes) como el mantenimiento lógico o de *software* (actualización o instalación de controladores, clonación de sistemas, respaldo de datos, modificación de parámetros en sistemas operativos, instalación de periféricos, entre otros).

## 3.1. Predictivo

El mantenimiento predictivo se basa en la supervisión y análisis continuo de los equipos para tratar de establecer cuándo se producirá una avería. Esto se realiza a través del uso de técnicas de monitorización en las que se emplean sensores, termografías y ultrasonidos. El objetivo es identificar las posibles señales de desgaste o anomalías antes de que se conviertan en averías críticas, permitiendo la planificación y la reducción del tiempo de inactividad.

El mantenimiento predictivo aporta, entre otros, los siguientes beneficios:

- **Reducción de los tiempos de inactividad:** al anticiparse a los fallos, se pueden programar las reparaciones en los periodos de inactividad planificados.
- **Extensión de la vida útil de los equipos:** al identificar los problemas antes de que sucedan, se pueden tomar medidas correctoras que eviten daños mayores.
- **Optimización de recursos:** permite una planificación y utilización de los recursos, reduciendo los costes operativos.
- **Mejora de la seguridad:** previene los fallos que podrían poner en riesgo a los operadores y al entorno.

Para implementar un programa de mantenimiento predictivo, se recomienda seguir estos pasos:

- Evaluación inicial del estado del equipo y establecimiento de las necesidades específicas de monitorización
- Selección de las técnicas de monitorización más adecuadas para los equipos, acordes con las condiciones operativas establecidas
- Instalación de los sensores en los puntos críticos de los equipos
- Recolección y análisis de los datos para detectar anomalías
- Realización o programación de las reparaciones necesarias basadas en el análisis de los datos

## 3.2. Preventivo

El mantenimiento preventivo se refiere a las actividades programadas y realizadas de forma regular para prevenir las averías en los equipos informáticos para asegurar un funcionamiento óptimo.

A diferencia del mantenimiento predictivo, que se basa en la monitorización y análisis de los datos recopilados para predecir la aparición de posibles averías, el mantenimiento preventivo se basa en las tareas programadas de mantenimiento. Algunos aspectos clave del mantenimiento preventivo son:

- **Disminución de los tiempos de inactividad:** gracias a la reducción de las interrupciones inesperadas, lo que maximiza el tiempo de funcionamiento del equipo.
- **Ampliación de la vida útil del equipo:** al identificar y resolver los pequeños problemas antes de que se conviertan en averías, lo que redunda en un ahorro económico y en una mejor amortización de los equipos.
- **Optimización del rendimiento:** consiguiendo que los equipos sean más eficientes reduciendo su consumo energético y aumentando su productividad.
- **Reducción de costes:** reducción de los costes asociados a las reparaciones urgentes y a las sustituciones de equipos.

Se puede establecer el mantenimiento preventivo como una estrategia fundamental que trata de asegurar el rendimiento y la eficiencia de los equipos.

## 3.3. Correctivo

A diferencia del mantenimiento preventivo, el mantenimiento correctivo se lleva a cabo cuando una avería ya se ha producido, por lo que su objetivo principal es restaurar el equipo o sistema a un estado normal de funcionamiento a la mayor brevedad posible.

Este tipo de mantenimiento puede ser planificado o no planificado, dependiendo de si la avería se produjo de manera repentina o era esperada. Estos tipos de mantenimiento tienen las siguientes características:

- **Mantenimiento correctivo programado,** que se lleva a cabo cuando la avería es previsible y se puede planificar con antelación, lo que reducirá el impacto en el proceso, ya que se seleccionará el momento más adecuado para su reparación.
- **Mantenimiento correctivo no programado,** que se realiza de forma urgente cuando la avería ocurre de forma inesperada. Este tipo de mantenimiento genera mayores costes debidos a la necesidad de reparación inmediata por la interrupción de las operaciones.

En el mantenimiento correctivo es fundamental disponer de un equipo de técnicos capacitados que dispongan de las piezas de repuesto necesarias para reducir el tiempo de inactividad.

**Importante**

El mantenimiento correctivo, si se gestiona adecuadamente, es un elemento fundamental para mantener la operatividad y la eficiencia de los equipos, asegurando que cualquier avería se resuelva de forma eficaz y rápida.

## 4. Acciones del mantenimiento correctivo

Las acciones que se desarrollan dentro del mantenimiento correctivo incluyen una serie de acciones esenciales para devolver los equipos y sistemas a su estado óptimo de funcionamiento. Entre las más comunes se encuentran:

- **Actualización de *software*:** instalar las últimas versiones de los sistemas operativos, controladores y aplicaciones para garantizar la seguridad y el rendimiento del equipo.
- **Limpieza del *hardware*:** realizar una limpieza regular del polvo y la suciedad acumulada en los componentes internos y externos para evitar el sobrecalentamiento y sus posibles fallos.
- **Verificación de conexiones:** asegurar que todos los cables y conexiones están firmemente fijados y en buen estado para prevenir problemas de conectividad.
- **Pruebas de rendimiento:** ejecutar pruebas para evaluar el rendimiento del sistema y detectar posibles problemas antes de que se conviertan en averías críticas.
- **Gestión de copias de seguridad:** realizar respaldos periódicos de los datos importantes para evitar la pérdida de información en caso de fallo del sistema o ataques cibernéticos.

- **Monitorización de recursos:** utilizar herramientas de monitorización para supervisar la cantidad de CPU, memoria y almacenamiento utilizado, lo cual permite anticiparse a los problemas de rendimiento.
- **Actualización de seguridad:** implementar los parches de seguridad y configurar las medidas de protección para proteger el sistema contra virus, *malware* y otras amenazas.

Todas las acciones anteriores son esenciales para garantizar que los equipos y sistemas vuelvan a estar operativos en el menor tiempo posible, minimizando el impacto en las operaciones y evitando interrupciones prolongadas. Una adecuada gestión de las acciones de mantenimiento correctivo puede ofrecer información valiosa para mejorar los procedimientos de mantenimiento preventivo.

## 5. Los cinco niveles de mantenimiento

El mantenimiento de los sistemas microinformáticos se puede catalogar en cinco niveles, cada uno con su propia importancia. Estos niveles aseguran que los sistemas se mantienen óptimamente, desde las tareas más sencillas hasta las intervenciones más complejas, garantizando la operatividad y la eficiencia. Así, se puede destacar:

1. **Mantenimiento de primer nivel:** este nivel consiste en la realización de tareas básicas y rutinarias que se realizan de manera regular para asegurar el funcionamiento correcto de los equipos. Este tipo de mantenimiento generalmente es realizado por el propio personal que utiliza el equipo.
2. **Mantenimiento de segundo nivel:** aborda problemas más complejos que no pueden solucionarse en el mantenimiento de primer nivel, como la sustitución de componentes defectuosos. Generalmente, este mantenimiento es realizado por técnicos especialistas que tienen un mayor conocimiento y habilidad para solucionar averías más graves que las de primer nivel.
3. **Mantenimiento de tercer nivel:** es un mantenimiento más avanzado en el que se incluyen reparaciones importantes y revisiones completas de los sistemas. En este nivel, el personal que interviene posee una alta

cualificación, además de utilizar herramientas y equipos especializados para el diagnóstico y la reparación de los equipos.

4. **Mantenimiento de cuarto nivel:** implica un enfoque más profundo y detallado; se pueden desmontar y revisar los equipos íntegramente. Este nivel de mantenimiento es gestionado por ingenieros y técnicos con una alta formación, y puede incluir la modernización y actualización de los equipos.

5. **Mantenimiento de quinto nivel:** es el más avanzado y se suele llevar a cabo en empresas especializadas o por parte de los propios fabricantes de los equipos. Este nivel incluye la resolución de los graves problemas que puedan afectar al rendimiento a largo plazo. Este tipo de mantenimiento garantiza que los equipos se mantienen en las mejores condiciones.

 Importante

Estos cinco niveles de mantenimiento son fundamentales para asegurar que los sistemas y equipos funcionan de manera eficiente y fiable, minimizando el tiempo de inactividad y prolongando su vida útil.

# 6. Mantenimiento de sistemas microinformáticos. Importancia

Como se ha mostrado anteriormente, el mantenimiento de los sistemas microinformáticos es un aspecto fundamental para cualquier empresa u organización que utilice la tecnología para sus operaciones diarias. El mantenimiento no solo trata de asegurar el funcionamiento eficiente y continuo de los equipos, sino que también juega un papel importante en la prevención de las pérdidas económicas y en la protección de la información confidencial alojada en los propios dispositivos.

La gestión adecuada del mantenimiento de los sistemas microinformáticos puede evitar costosas interrupciones en las operaciones. Las averías inesperadas pueden provocar, además de pérdidas de productividad, pérdidas económicas debido a los tiempos de inactividad. Los programas de mantenimiento preventivo y correctivo aseguran que los equipos se mantengan en buen estado de funcionamiento, reduciendo así la probabilidad de fallos imprevistos y minimizando el tiempo de inactividad.

No hay que olvidar que, en el mundo digital actual, la información es uno de los activos más valiosos de una organización. El mantenimiento de los sistemas microinformáticos incluye la actualización regular del *software* y la implementación de medidas de seguridad que protejan a los equipos y a los datos alojados en ellos contra las amenazas cibernéticas. La Ley Orgánica de Protección de Datos y Garantía de los Derechos Digitales (LOPDGDD) establece normas estrictas enfocadas en la protección de los datos personales, y su cumplimiento es esencial para evitar sanciones legales y mantener la confianza de los clientes y trabajadores.

 Sabía que...

La LOPDGDD establece que las empresas deben implementar medidas técnicas y organizativas adecuadas para garantizar la seguridad de los datos personales. Esto incluye la realización de auditorías periódicas de seguridad, la gestión de accesos y la implementación de políticas de privacidad robustas.

## 7. Servicios típicos de una empresa de mantenimiento informático

Las empresas de mantenimiento informático ofrecen una amplia gama de servicios diseñados para garantizar que los sistemas y equipos de sus clientes funcionen de manera óptima y sin interrupciones. Los servicios que ofrecen estas empresas van desde la venta de equipos informáticos hasta la gestión de los servicios de internet (alojamiento, dominios, bases de datos, etc.), pasando por distintos niveles de mantenimiento.

Algunos de los servicios típicos incluyen:

- **Servicios de mantenimiento preventivo:** se realizan regularmente para prevenir fallos y averías. Incluyen la limpieza del *hardware,* la actualización del *software* y del *firmware,* y la verificación de la integridad de los sistemas y los datos.
- **Mantenimiento correctivo:** se lleva a cabo al detectar fallos o problemas en los sistemas. Los técnicos identifican, diagnostican y reparan las averías para restaurar el equipo a su funcionamiento habitual.
- **Soporte técnico:** puede ser *in situ* o remoto para resolver problemas técnicos y proporcionar asistencia a los usuarios.
- **Gestión de redes informáticas:** incluye la configuración, mantenimiento y monitorización del estado de las redes informáticas, asegurando una conectividad fiable y segura para todos los dispositivos.
- **Seguridad informática:** es fundamental, y se lleva a cabo mediante la implementación de las medidas de seguridad necesarias para proteger los sistemas y los datos contra las amenazas cibernéticas. Esto incluye la instalación de antivirus, *firewalls* y sistemas de detección de accesos no autorizados.
- **Auditorías y consultoría:** ayudan a las empresas a identificar las posibles vulnerabilidades, a optimizar sus recursos y a cumplir con las normativas legales, como la LOPDGDD.
- **Respaldo y recuperación de datos:** se trata de garantizar que la información crítica esté protegida y pueda ser recuperada en caso de averías del sistema o ataques cibernéticos.
- **Actualización y renovación de equipos:** mediante la evaluación y actualización periódica del *hardware* y del *software* se asegura que los equipos siguen siendo eficientes y capaces de cumplir con los requisitos de trabajo establecidos.

## 8. Descripción y clasificación de técnicas auxiliares de mantenimiento de sistemas microinformáticos

Las técnicas auxiliares de mantenimiento de los sistemas microinformáticos son fundamentales para garantizar la operatividad y la eficiencia de los equipos. Estas técnicas se pueden dividir en varias categorías, cada una con un enfoque específico para abordar distintos aspectos del mantenimiento y soporte de los sistemas microinformáticos.

## 8.1. Diagnóstico y evaluación

Las técnicas de diagnóstico y evaluación son esenciales para identificar los posibles problemas antes de que se conviertan en averías graves. Esto incluye el uso de *software* de diagnóstico, que tiene la capacidad de evaluar el estado del *hardware* y del *software,* así como analizar el rendimiento y las pruebas de estrés para garantizar que los sistemas funcionan de manera óptima.

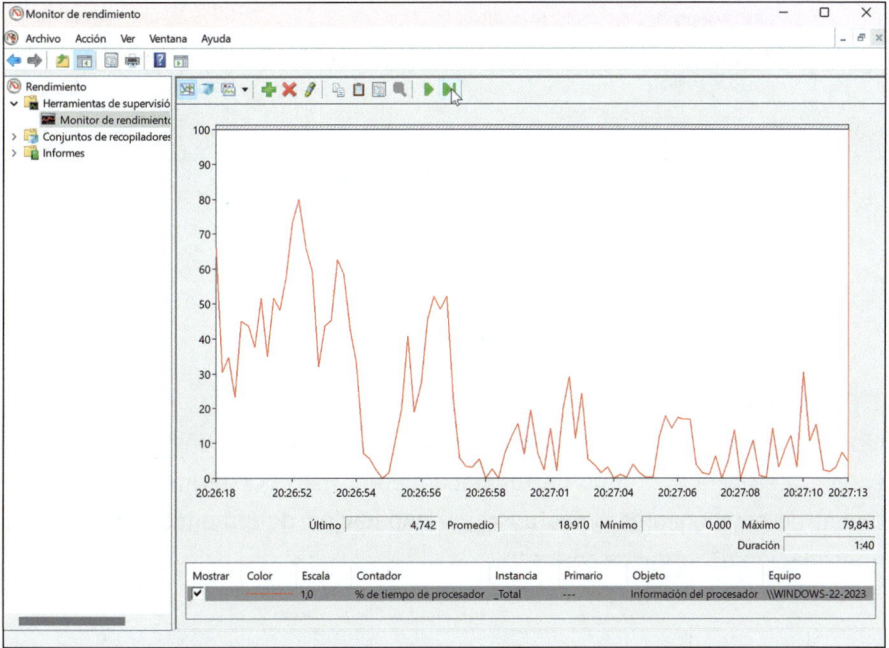

*Herramienta monitor de rendimiento en Microsoft Windows*

## 8.2. Mantenimiento preventivo

El mantenimiento preventivo se enfoca en la ejecución regular de acciones dirigidas a la prevención de las averías y fallos para prolongar la vida útil de los equipos. Dentro de este mantenimiento se incluyen las tareas de limpieza, interna y externa, de los componentes, la actualización del *software* y del *firmware,* y la revisión de la integridad de los datos y los sistemas.

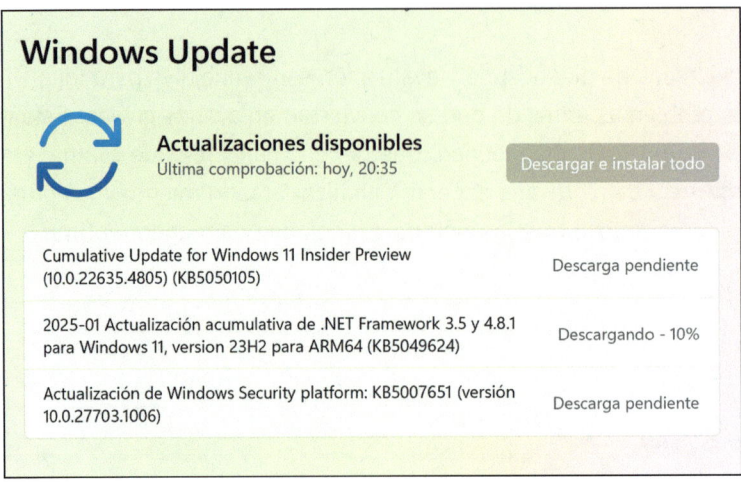

*Herramienta de actualización del sistema y las aplicaciones en Microsoft Windows*

## 8.3. Mantenimiento correctivo

El mantenimiento correctivo es el que se lleva a cabo al detectar fallos o problemas en los sistemas. Los técnicos utilizan diversas herramientas y técnicas para identificar, diagnosticar y reparar las averías, restaurando así el equipo a su estado óptimo de funcionamiento. Esto puede implicar la sustitución de componentes defectuosos, la reparación de circuitos dañados y la reinstalación de *software* corrupto.

## 8.4. Soporte técnico

El soporte técnico puede ser proporcionado de manera remota o *in situ* para resolver problemas técnicos y proporcionar asistencia a los usuarios. Esto incluye la resolución de problemas de *software,* de *hardware* o de la red informática, y la configuración del sistema.

*Herramienta de conexión remota AnyDesk*

## 8.5. Gestión de redes informáticas

La gestión de las redes informáticas implica la configuración, el mantenimiento y la monitorización de su estado para asegurar una conectividad fiable y segura. Esto incluye la gestión de *routers, switches, firewalls* y otros dispositivos de red, así como la administración de cuentas de usuario y permisos.

## 8.6. Seguridad informática

La seguridad informática es fundamental actualmente para proteger los sistemas y los datos contra las amenazas cibernéticas. Las técnicas dentro de esta área incluyen la instalación y actualización de los antivirus, *firewalls* y sistemas de detección de accesos no autorizados, así como la implementación de las políticas de seguridad y la formación del personal sobre las prácticas seguras que deben tener en cuenta en su trabajo diario. Es recomendable que se realicen simulaciones de ataques y pruebas de penetración para evaluar la efectividad de las medidas de seguridad.

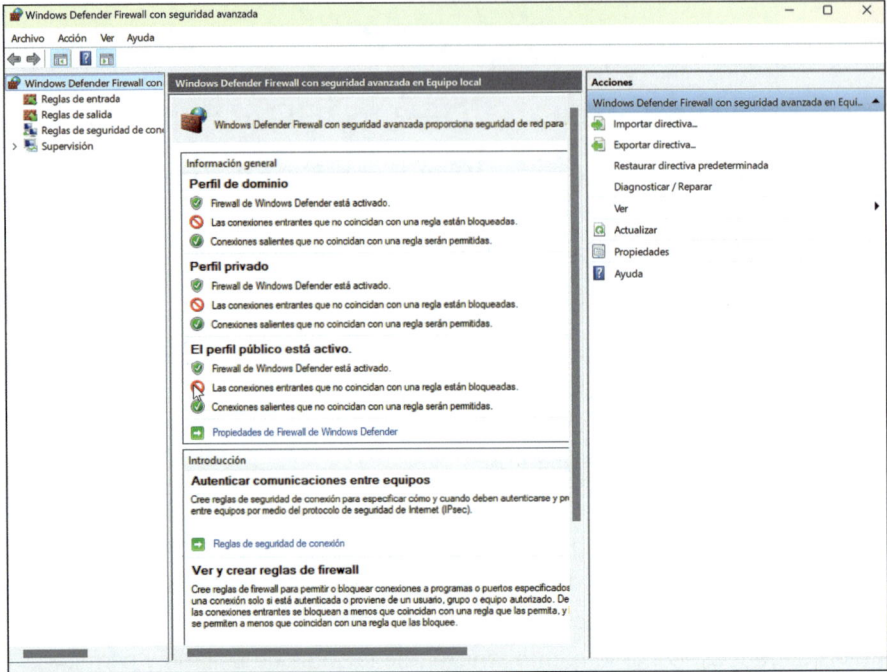

*Panel de configuración del firewall de Microsoft Windows*

## 8.7. Auditorías y consultoría

Las auditorías y consultorías ayudan a las empresas a identificar vulnerabilidades, optimizar recursos y cumplir con normativas legales como la LOPDGDD. Los especialistas realizan evaluaciones detalladas de los sistemas y proporcionan recomendaciones para mejorar la seguridad y la eficiencia. Se revisan las políticas, los procedimientos, la infraestructura tecnológica y se identifican las posibles áreas de mejora.

## 8.8. Respaldo y recuperación de datos

El respaldo y la recuperación de datos trata de garantizar que la información esté protegida y pueda recuperarse en caso de que se produzca un fallo en el sistema o se sufran ataques cibernéticos. Una buena práctica consiste en la realización de copias de seguridad *(backups)* regularmente y en la restauración de dicha información para comprobar que funcionan correctamente. Una práctica habitual es el desarrollo de procedimientos de recuperación de datos ante desastres o ataques para minimizar al máximo el impacto de posibles pérdidas de datos.

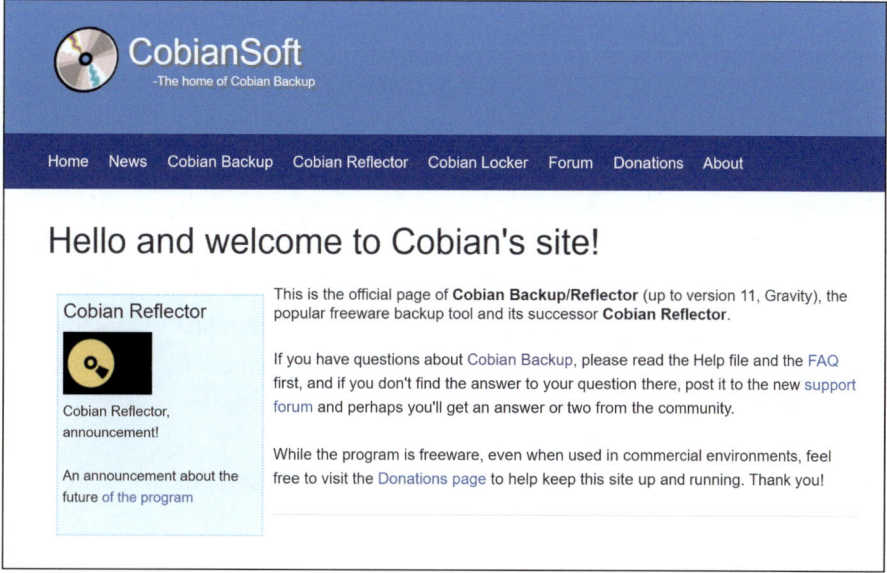

*Página web de descarga del programa gratuito Cobian para realizar copias de seguridad*

## 8.9. Actualización y renovación de equipos

La evaluación y actualización periódica del *hardware* y del *software* garantiza que los equipos mantengan su eficiencia y su capacidad para seguir cumpliendo con los requisitos de trabajo. Estas tareas incluyen la sustitución de los componentes obsoletos, la instalación de las nuevas versiones de *software* y la migración de los datos a plataformas más avanzadas. Se pueden realizar estudios de viabilidad para determinar la rentabilidad o idoneidad de la actualización o de la renovación de los equipos.

Estas tareas de mantenimiento de los sistemas microinformáticos, además de asegurar la funcionalidad de los equipos, también optimizan el desempeño y la seguridad, contribuyendo al éxito operativo de las organizaciones.

 **Actividades**

6. Instale en dos equipos distintos la aplicación *AnyDesk* y acceda a ellos de forma remota.
7. ¿Qué opciones de copia de seguridad nos ofrece el sistema operativo *Microsoft Windows?*, ¿y *macOS?*, ¿y *Linux?*
8. Instale en su equipo un *software* de copia de seguridad y configúrelo para que realice una copia semanal de sus datos.

## 9. Resumen

El mantenimiento de los sistemas microinformáticos es crucial para asegurar su correcto funcionamiento y prolongar su vida útil. Este proceso incluye las distintas actividades preventivas y correctivas para garantizar que los sistemas operan de manera eficiente y segura.

Entre las distintas técnicas de mantenimiento se encuentran:

- El diagnóstico y la evaluación de los posibles problemas que se pueden presentar antes de que se conviertan en averías graves. Los técnicos se pueden apoyar en el *software* de diagnóstico y en las herramientas de monitorización.
- El mantenimiento preventivo mediante el cual se realizarán distintas tareas de forma regular para prevenir los posibles fallos o averías y prolongar la vida útil de los equipos.
- El mantenimiento correctivo mediante el que se procede a la reparación de las averías y al restablecimiento de los equipos para que vuelvan a tener un correcto funcionamiento.
- La asistencia técnica (remota o *in situ)* para resolver problemas y proporcionar información a los usuarios.
- La configuración, mantenimiento y monitorización de las redes informáticas para asegurar una conectividad fiable y segura.
- La protección de los sistemas y los datos contra las amenazas cibernéticas mediante la instalación y configuración de los antivirus y los *firewalls.*

- La evaluación de los sistemas para identificar posibles vulnerabilidades y optimizar los recursos.
- El respaldo y la recuperación de datos en caso de fallos o ataques cibernéticos.
- La evaluación y la actualización periódica del *hardware* y del *software* para mantener la eficiencia y capacidad de los equipos.

Las técnicas auxiliares, además de asegurar la funcionalidad de los equipos, también optimizan su trabajo y seguridad, contribuyendo al éxito de las organizaciones. Implementarlas adecuada y regularmente ayuda a prevenir problemas graves, reduce el tiempo de inactividad y mejora la productividad general.

## Ejercicios de repaso y autoevaluación

1. **Indique si las siguientes afirmaciones son verdaderas o falsas.**

    a. El mantenimiento de los sistemas microinformáticos es una tarea funda-
    mental en la gestión de cualquier equipo informático, ya que garantiza su
    correcto funcionamiento y prolonga su vida útil.

        ☐ Verdadero
        ☐ Falso

    b. Las tareas de mantenimiento se limitan únicamente a corregir las averías.

        ☐ Verdadero
        ☐ Falso

    c. El *software* se refiere a todas las partes físicas que componen un ordenador.

        ☐ Verdadero
        ☐ Falso

2. **Cumplimente los espacios faltantes en la siguiente afirmación:**

    La memoria _____ (memoria de acceso aleatorio) es el elemento encargado de
    almacenar _____ la información y los _____ que están siendo
    utilizados por el _____ y las aplicaciones cuando se _____.

3. **Defina qué se entiende por *hardware*.**

    _____
    _____
    _____
    _____
    _____
    _____
    _____

**4. Los sistemas informáticos habitualmente utilizan...**

    a. ... el sistema hexadecimal.

    b. ... el sistema binario.

    c. ... el sistema decimal.

    d. ... el sistema cegesimal.

**5. ¿Cuál es el elemento que más se calienta en un equipo microinformático?**

    a. La fuente de alimentación

    b. La memoria RAM

    c. El microprocesador

    d. La memoria ROM

**6. Enumere los beneficios que aporta el mantenimiento predictivo.**

_____

_____

_____

_____

_____

_____

_____

**7. ¿Qué mantenimiento trabaja sobre acciones programadas de forma regular?**

    a. El mantenimiento adaptativo

    b. El mantenimiento de emergencia

    c. El mantenimiento preventivo

    d. El mantenimiento correctivo

**8. ¿En qué nivel de mantenimiento las tareas de reparación las desempeñan las empresas especializadas?**

    a. En el mantenimiento de primer nivel

    b. En el mantenimiento de tercer nivel

    c. En el mantenimiento de quinto nivel

    d. En el mantenimiento de sexto nivel

**9. ¿Cuál de las siguientes opciones corresponde con las tareas habituales que realiza una empresa de mantenimiento informático?**

    a. Mantenimiento preventivo

    b. Mantenimiento correctivo

    c. Gestión de las redes informáticas

    d. Todas las opciones son correctas.

**10. ¿Qué actividad trata de garantizar la protección de la información?**

    a. Soporte técnico

    b. Auditoría y consultoría

    c. Respaldo y recuperación de datos

    d. Servicios de mantenimiento correctivo

Capítulo 2
# Verificación del sistema

# Contenido

1. Introducción
2. Tipos de particiones del disco duro
3. Programas *post*
4. *Software* de diagnóstico
5. *Software* de prueba de velocidad
6. Herramientas de verificación y optimización del disco duro
7. Resumen

# 1. Introducción

El almacenamiento de la información en los sistemas informáticos es un aspecto fundamental para la organización y gestión eficiente de los datos. Para ello, los discos duros y las unidades de almacenamiento requieren procesos de particionado, formateo y mantenimiento que optimicen su funcionamiento.

Conocer los conceptos clave sobre la partición de discos, los sistemas de archivos y las herramientas de diagnóstico es esencial para garantizar el correcto funcionamiento del *hardware* y evitar la pérdida de información, asegurando un rendimiento óptimo del sistema y de los dispositivos del mismo. Además, se especificarán los procedimientos de arranque del sistema, el funcionamiento del POST *(power-on self-test)* y el uso de *software* de pruebas de velocidad y mantenimiento del disco.

# 2. Tipos de particiones del disco duro

Cuando se instala un disco duro en un sistema informático, es necesario dividir su espacio en secciones organizadas llamadas particiones. Estas particiones permiten estructurar y administrar los datos de manera eficiente.

Existen tres tipos de particiones, y cada una tiene una función específica:

- **Partición primaria:** es la partición principal donde se puede instalar un sistema operativo. Un disco puede tener hasta cuatro particiones primarias o tres primarias y una extendida.
- **Partición extendida:** se utiliza para superar la limitación de cuatro particiones primarias. Dentro de esta partición pueden crearse múltiples particiones lógicas.
- **Particiones lógicas:** son las subdivisiones dentro de una partición extendida. Funcionan como particiones independientes dentro del sistema.

Sabía que...

Los sistemas operativos, por norma general, se instalan en las particiones primarias.

El particionado de los discos y unidades de almacenamiento tiene unas reglas y limitaciones que se muestran a continuación:

- Un disco solo puede tener como máximo 4 particiones primarias.
- Las particiones extendidas se consideran particiones primarias.
- Solo puede haber una única partición extendida.
- En una partición extendida puede haber una o varias particiones lógicas.

Dependiendo del tipo de tabla de partición utilizada, un disco puede emplear uno de los siguientes esquemas:

- **MBR** *(master boot record):* es el esquema más antiguo y solo permite 4 particiones primarias y discos de hasta 2 TB.
- **GPT** *(guid partition table):* es un esquema moderno que permite un mayor número de particiones (hasta 128 en *Windows)* y soporta discos de más de 2 TB.

Una vez que se ha particionado un disco o una unidad de almacenamiento, se debe formatear cada una de las particiones. Este formateo puede ser de bajo nivel (formateo físico) o de alto nivel (formateo lógico).

### Formateo a bajo nivel o formateo físico

El formateo a bajo nivel es el responsable de realizar una revisión en profundidad de la superficie del disco, de ahí que se denomine formateo físico. Se encarga de verificar que se puede leer y escribir en todos los *bytes* de la superficie del disco; si encuentra alguno erróneo, este es marcado como erróneo y no se vuelve a utilizar.

### Formateo a alto nivel o formateo lógico

Casi todos los dispositivos, cuando son adquiridos por los usuarios, ya vienen formateados de fábrica, y no hace falta formatearlos de nuevo. Pero, en el caso de que se realicen particiones en el disco, estas particiones se deberán formatear, y también habrá que definir el sistema de archivos.

### El sector de arranque

Un disco se compone de un sector de arranque y de las particiones correspondientes; se puede incorporar un espacio sin particionar.

El sector de arranque (sector físico, *hardware)* es el primer sector del disco (cabeza 0, cilindro 0 y sector 1), en el que se almacena la tabla de particiones y el gestor de arranque (programa de arranque, *software).*

## 2.1. Sistema de archivos

El sistema de archivos es la estructura utilizada por el disco duro encargado de gestionar el almacenamiento y el manejo de los datos dentro de dicho dispositivo. Estas estructuras suelen estar constituidas por el registro de arranque del sistema operativo, los directorios y los archivos.

Los sistemas de archivos se encargan de:

- Control del espacio libre y ocupado
- Mantenimiento de los directorios y de los nombres de archivos
- Control de la ubicación física de la información dentro del disco

Es habitual que cada sistema operativo pueda utilizar distintos sistemas de archivos, aunque también pueden utilizar solamente el suyo propio. Algunos de los sistemas de archivos más habituales son los que se detallan a continuación.

### Sistema de archivo FAT *(file allocation table* o tabla de asignación de archivos)*

Este sistema de archivos, que es uno de los más antiguos y sencillos, fue desarrollado inicialmente para MS-DOS y aún se usa en muchos dispositivos extraíbles. Las versiones clave son FAT16 y FAT32. FAT utiliza una tabla de asignación para rastrear la ubicación de archivos en el disco. Actualmente, está desactualizado porque limita los archivos a un tamaño máximo de 4 *gigabytes.*

### ExFAT *(extended file allocation table* o tabla de asignación de archivos extendida)*

ExFAT es un sistema de archivos desarrollado por *Microsoft* como una versión mejorada de FAT32. Soluciona algunas limitaciones de FAT32, permitiendo tamaños de archivo más grandes y mejorando el rendimiento. exFAT se utiliza comúnmente en sistemas de almacenamiento extraíbles debido a su compatibilidad con múltiples sistemas operativos.

### NTFS *(new technology file system,* sistema de archivos de nueva tecnología)

NTFS fue el sistema de archivos predeterminado para *Windows NT.* Ofrece funciones avanzadas como permisos, cifrado, compresión y registro. Soporta archivos y particiones grandes, ideal para el almacenamiento actual, pero tienen una limitada compatibilidad con otros sistemas operativos.

### APFS *(apple file system,* sistema de archivos de *Apple)*

APFS es un sistema de archivos desarrollado por *Apple* para *macOS, iOS* y otros dispositivos de *Apple.* Está diseñado para optimizar el rendimiento y la compatibilidad con el *hardware* y el *software* de *Apple.* APFS incluye funciones como clonación, cifrado a nivel de archivo y optimización del rendimiento en discos SSD. Se lanzó en el año 2017 juntamente con el sistema operativo *macOS* 10.13.

### HFS, HFS+ *(hierarchical file system,* sistema jerárquico de archivos)

HFS fue el primer sistema de archivos para ordenadores *Apple,* que ha sido reemplazado por los sistemas HFS+ y APFS. HFS+ funciona más rápidamente y es más eficiente a la hora de gestionar, leer y escribir los datos.

### Ext4 *(fourth extended file system,* cuarto sistema de archivos extendido)

Sistema de archivos ampliamente utilizado en los sistemas operativos *Linux.* Es el sucesor de Ext3 e incorpora numerosas mejoras en cuanto a rendimiento, escalabilidad y fiabilidad. Ext4 es el sistema de archivos predeterminado de numerosas distribuciones de *Linux.*

Para gestionar las particiones de un disco duro, los propios sistemas operativos incluyen herramientas para llevarlo a cabo:

- **Administrador de discos** *(Windows):* permite crear, eliminar, redimensionar y formatear particiones.
- **Utilidad de discos** *(macOS):* ofrece funciones similares para discos en los sistemas *Apple.*
- *GParted (Linux):* herramienta de código abierto para la gestión avanzada de particiones.
- **Comandos** *fdisk* **y** *parted (Linux):* proporcionan control total sobre las particiones desde la línea de comandos.

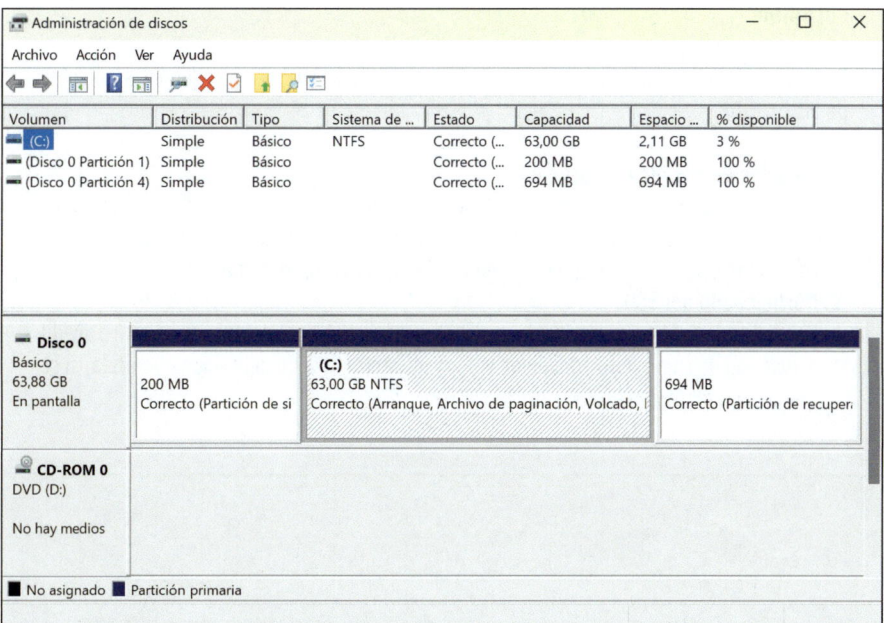

*Ventana del administrador de discos en Microsoft Windows*

## Actividades

1. Realice una comparativa entre los distintos sistemas de archivos vistos anteriormente.

## Aplicación práctica

**Ha adquirido un disco de estado sólido (SSD) de 1 TB que ya tiene realizado el formateo físico, pero aún no cuenta con un formateo lógico. Este SSD se debe instalar en un equipo con un sistema operativo *Microsoft Windows* que se utiliza para la edición de vídeo y la gestión ofimática, por lo que se necesita optimizar su rendimiento.**

1. **¿Qué tipo de sistema de archivos sería el más adecuado para garantizar velocidad y compatibilidad?**
2. **¿Es recomendable dividir el SSD en varias particiones según el uso (edición y ofimática)?**

### SOLUCIÓN

Para optimizar el rendimiento y la organización del SSD de 1 TB se seguirán los siguientes pasos:

1. **Elección del sistema de archivos**
   De acuerdo con el uso previsto, se debe elegir un sistema de archivos que maximice la velocidad y compatibilidad, como **NTFS** *(Windows),* aunque se puede elegir **exFAT** (multiplataforma) si se requiere compatibilidad con otros sistemas operativos.
2. **Particionado del SSD**
   Dependiendo de la organización deseada, se puede mantener una única partición o dividir el disco en dos, una para edición de vídeo y otra para la documentación ofimática, si se quiere separar los archivos.

## 3. Programas *post*

POST *(power-on self-test)* es el conjunto de pruebas que realiza un equipo electrónico al encenderse para verificar que el *hardware* esencial funciona correctamente antes de iniciar el sistema operativo.

Cuando se enciende un equipo informático, el *firmware* (BIOS o UEFI) ejecuta el POST siguiendo estos pasos:

1. Encendido y activación del procesador. La BIOS/UEFI se carga desde la memoria ROM y toma el control.
2. Verificación de los componentes esenciales. Se revisa la CPU, la memoria RAM, la tarjeta gráfica y el resto de los dispositivos críticos. Si hay errores (como RAM dañada), se muestra un mensaje en pantalla o se emiten pitidos *(beeps).*
3. Comprobación de periféricos y dispositivos. Se detectan los discos duros, las unidades SSD, el teclado y cualquier otro dispositivo conectado.
4. Carga del gestor de arranque. Si todo es correcto, se carga el bootloader del sistema operativo.

 Importante

Cuando un equipo se resetea, parte de la BIOS ya está cargada en la memoria RAM, por lo que habrá tareas que no se comprueben.

El procedimiento POST es una verificación realizada por la BIOS para asegurar que todos los componentes necesarios para arrancar el ordenador funcionen correctamente. La secuencia de comprobaciones varía según el fabricante de la BIOS.

## Actividades

1. Investigue acerca de la relación existente entre el número de pitidos emitidos por un equipo, el tipo de avería y su solución en un equipo que tiene un fallo en el *firmware*.
2. Realice una comparativa entre las tecnologías de arranque BIOS y UEFI.

## 4. *Software* de diagnóstico

El *software* de diagnóstico es clave para detectar, analizar y solucionar problemas en los equipos y dispositivos electrónicos. Estos programas evalúan el estado del *hardware* y del *software*, previniendo fallos y mejorando el rendimiento del sistema. Revisan la mayoría de los componentes del equipo. En el mercado hay diferentes aplicaciones de diagnóstico, gratuitas y de pago.

### 4.1. *AIDA64*

*AIDA64* es un *software* de diagnóstico y monitorización muy utilizado para obtener información detallada del sistema.

Entre las opciones que permite *AIDA64* se encuentran:

- **Identificación de *hardware*:** proporciona información detallada sobre la CPU, la GPU, la memoria RAM, la placa base y otros elementos.
- **Monitoriza el equipo en tiempo real:** analiza temperaturas, voltajes, velocidad de los ventiladores y el consumo de energía.
- **Pruebas de estabilidad:** permite evaluar el rendimiento del sistema y comprobar su estabilidad.
- **Compatibilidad con sensores:** puede mostrar la información en pantallas LCD de dispositivos externos.
- **Información de *software* y sistemas operativos:** incluye detalles sobre *drivers*, procesos y licencias.

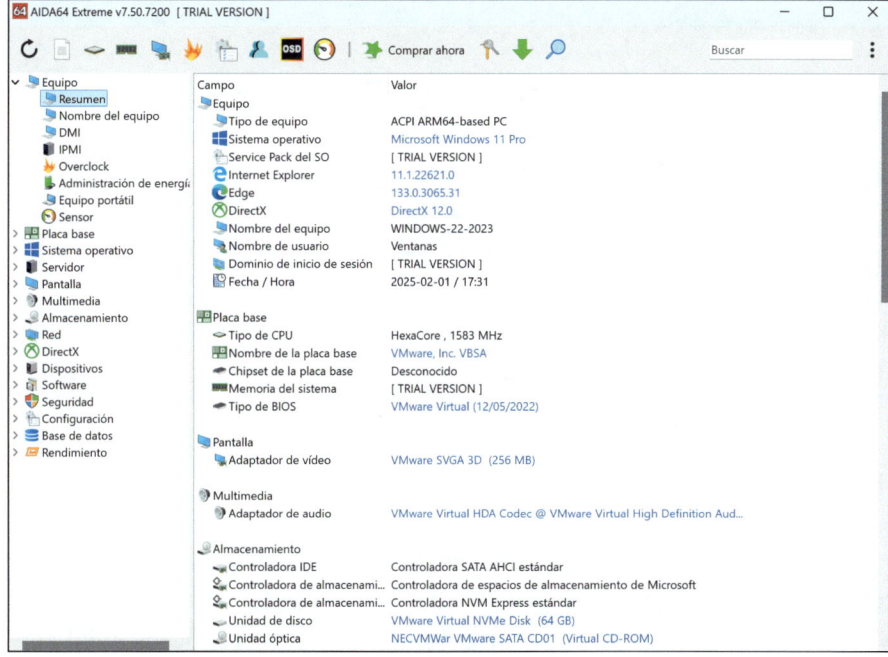

*Pantalla resumen del software AIDA64*

*AIDA64* cuenta con diferentes versiones según el uso:

- **Extreme:** para usuarios domésticos y entusiastas del *hardware.*
- **Engineer:** para técnicos y profesionales de TI.
- **Business:** enfocada en la monitorización de las redes y la gestión empresarial.
- **Network Audit:** para inventarios de *hardware* y *software* en redes corporativas.

 Para saber más

Puede descargar una versión de prueba desde su sitio web oficial.

Continúa en página siguiente >>

&lt;&lt; Viene de página anterior

https://redirectoronline.com/mf12080201

## 4.2. Herramientas de monitorización de discos

Los discos actuales incluyen la tecnología SMART *(self-monitoring, analysis and reporting technology),* que permite detectar problemas antes de que ocurran y evitar la pérdida de datos con copias de seguridad. Una aplicación útil para monitorizar discos es *HD Tune,* que diagnostica problemas, mide rendimiento y verifica el estado mediante SMART.

Las principales características de *HD Tune* son:

- **Benchmarking:** permite medir la velocidad de transferencia del disco, el tiempo de acceso y otras métricas de rendimiento.
- **Monitoreo SMART:** muestra información sobre el estado del disco y los posibles problemas que puedan aparecer.
- **Escaneo de errores:** detecta los sectores defectuosos en la unidad.
- **Información del disco:** proporciona datos como el modelo, el *firmware,* la capacidad y la temperatura.
- **Borrado seguro:** permite eliminar datos de manera segura (en versiones de pago).

*HD Tune* tiene dos versiones: una gratuita que ofrece funciones básicas (como el análisis de errores y monitoreo SMART) y otra versión de pago que incluye funciones avanzadas (como pruebas más detalladas, monitorización en tiempo real y soporte para unidades externas).

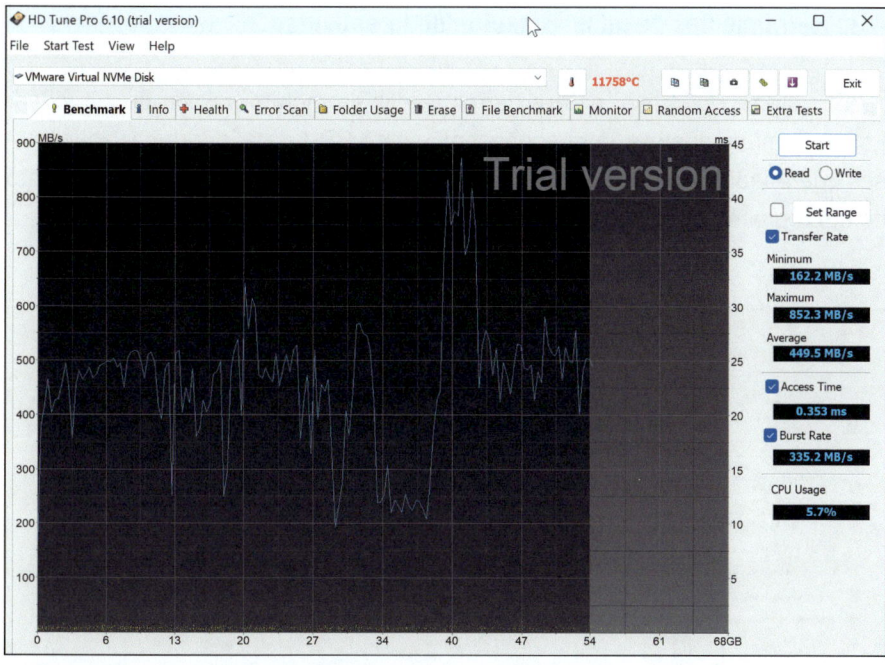

*Pantalla de análisis de disco duro utilizando la aplicación HD Tune*

En la pantalla principal, como la que se muestra en la imagen anterior, se puede acceder a los siguientes apartados:

- **Tasa de transferencia (transfer rate):** cantidad de información por unidad de tiempo (segundo) que transfiere el disco. Muestra los valores máximo, mínimo y medio.
- **El tiempo de acceso** que tarda la aguja en colocarse en la pista y sector deseado.
- *Burst rate* **o velocidad máxima** (en *megabytes* por segundo) a la que pueden ser transferidos los datos desde el disco hasta el sistema operativo.
- **Uso o porcentaje de CPU** que necesita el sistema para leer los datos desde el disco duro.

## 4.3. Herramientas de monitorización de la actividad

El sistema operativo incluye herramientas de monitorización de actividad. Estas permiten analizar la memoria y el uso de CPU para identificar aplicaciones que puedan estar sobrecargando el sistema y afectando el funcionamiento de otros procesos.

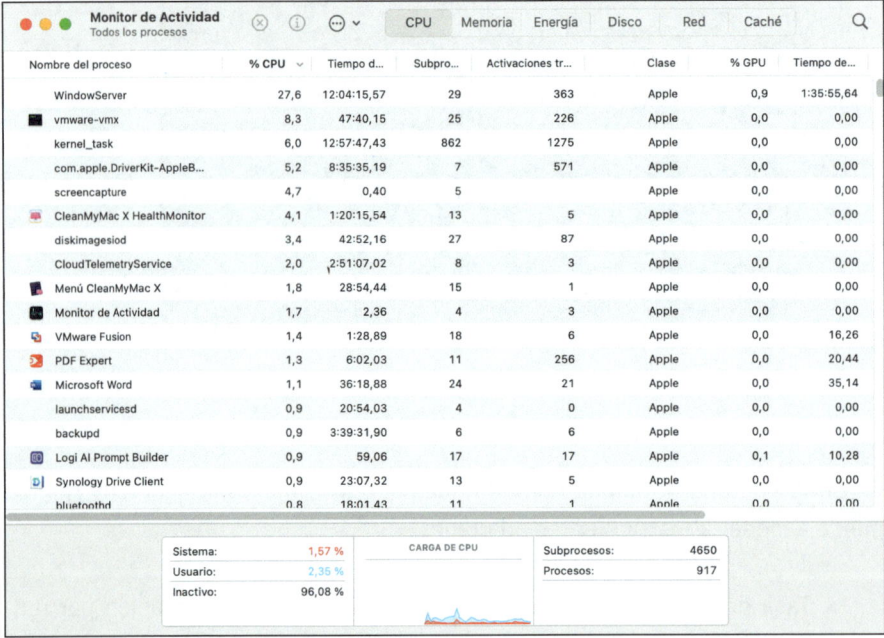

| Nombre del proceso | % CPU | Tiempo d... | Subpro... | Activaciones tr... | Clase | % GPU | Tiempo de... |
|---|---|---|---|---|---|---|---|
| WindowServer | 27,6 | 12:04:15,57 | 29 | 363 | Apple | 0,9 | 1:35:55,64 |
| vmware-vmx | 8,3 | 47:40,15 | 25 | 226 | Apple | 0,0 | 0,00 |
| kernel_task | 6,0 | 12:57:47,43 | 862 | 1275 | Apple | 0,0 | 0,00 |
| com.apple.DriverKit-AppleB... | 5,2 | 8:35:35,19 | 7 | 571 | Apple | 0,0 | 0,00 |
| screencapture | 4,7 | 0,40 | 5 | | Apple | 0,0 | 0,00 |
| CleanMyMac X HealthMonitor | 4,1 | 1:20:15,54 | 13 | 5 | Apple | 0,0 | 0,00 |
| diskimagesiod | 3,4 | 42:52,16 | 27 | 87 | Apple | 0,0 | 0,00 |
| CloudTelemetryService | 2,0 | 2:51:07,02 | 8 | 3 | Apple | 0,0 | 0,00 |
| Menú CleanMyMac X | 1,8 | 28:54,44 | 15 | 1 | Apple | 0,0 | 0,00 |
| Monitor de Actividad | 1,7 | 2,36 | 4 | 3 | Apple | 0,0 | 0,00 |
| VMware Fusion | 1,4 | 1:28,89 | 18 | 6 | Apple | 0,0 | 16,26 |
| PDF Expert | 1,3 | 6:02,03 | 11 | 256 | Apple | 0,0 | 20,44 |
| Microsoft Word | 1,1 | 36:18,88 | 24 | 21 | Apple | 0,0 | 35,14 |
| launchservicesd | 0,9 | 20:54,03 | 4 | 0 | Apple | 0,0 | 0,00 |
| backupd | 0,9 | 3:39:31,90 | 6 | 6 | Apple | 0,0 | 0,00 |
| Logi AI Prompt Builder | 0,9 | 59,06 | 17 | 17 | Apple | 0,1 | 10,28 |
| Synology Drive Client | 0,9 | 23:07,32 | 13 | 5 | Apple | 0,0 | 0,00 |
| bluetoothd | 0,8 | 18:01,43 | 11 | 1 | Apple | 0,0 | 0,00 |

| Sistema: | 1,57 % | CARGA DE CPU | Subprocesos: | 4650 |
|---|---|---|---|---|
| Usuario: | 2,35 % | | Procesos: | 917 |
| Inactivo: | 96,08 % | | | |

*Monitor de actividad en un sistema macOS*

## Aplicación práctica

**Se acaba de comprar un ordenador nuevo y, al arrancarlo por primera vez, cree que el rendimiento no es el adecuado. Antes de ir a la tienda a reclamar quiere asegurarse de que la configuración es correcta y las características son las indicadas en la factura.**

**¿Cómo podría asegurarse de que le han vendido el modelo correcto y detectar posibles fallos de rendimiento?**

Continúa en página siguiente >>

<< Viene de página anterior

**SOLUCIÓN**

Para asegurar que el equipo tiene las especificaciones acordadas en el momento de la compra se pueden utilizar herramientas como *AIDA64,* que mostrará la información detallada sobre los componentes del ordenador y permitirá verificar que las especificaciones del *hardware* coinciden con lo que el vendedor nos indicó o lo que figura en la factura.

## 5. *Software* de prueba de velocidad

El *software* de prueba de velocidad del disco duro es una herramienta utilizada para medir el rendimiento de las unidades de almacenamiento, ya sean discos duros tradicionales (HDD), unidades de estado sólido (SSD) o discos NVMe. Estas pruebas permiten a los usuarios conocer la velocidad de lectura y escritura, el tiempo de acceso y otras métricas clave que influyen en el rendimiento del sistema.

Estos programas evalúan la velocidad del disco duro mediante la ejecución de distintas pruebas de lectura y escritura en distintos bloques de datos. Los parámetros principales que analizan son:

- **Velocidad de lectura secuencial** de grandes volúmenes de datos de forma continua.
- **Velocidad de escritura secuencial** de datos de forma sostenida.
- **Velocidad de lectura y escritura aleatoria** que evalúa el rendimiento del disco al acceder a archivos ubicados en diferentes sectores.
- **Tiempo de acceso** que tarda la unidad en responder a una solicitud de datos.

El uso de *software* para medir la velocidad del disco duro ofrece múltiples ventajas tanto para los usuarios como para los profesionales de TI. Estas herramientas, además de permitir conocer el rendimiento de la unidad, también ayudan a diagnosticar problemas, mejoran la eficiencia del almacenamiento y garantizan un óptimo funcionamiento del sistema. A continuación, se presentan algunos de los principales beneficios del uso de este tipo de *software:*

1. **Ayuda en el diagnóstico** de problemas identificando los posibles fallos o reducciones en el rendimiento del almacenamiento.
2. **Compara el rendimiento** entre los distintos dispositivos, lo que permite evaluar diferentes dispositivos antes de adquirir uno nuevo.
3. **Optimiza el sistema,** lo que ayuda a mejorar el rendimiento del sistema ajustando las configuraciones y detectando posibles cuellos de botella.
4. **Evalúa el desgaste,** sobre todo en los discos SSD, donde se puede monitorizar la degradación del rendimiento debido al paso del tiempo.

Algunas de las herramientas más utilizadas para medir el rendimiento del almacenamiento son:

- *CrystalDiskMark:* es una aplicación popular para evaluar la velocidad de lectura y escritura.
- *ATTO Disk Benchmark:* permite realizar pruebas personalizadas con distintos tamaños de archivo. Proporciona métricas detalladas sobre la salud del disco.
- *AS SSD Benchmark:* es una aplicación recomendable para probar discos de estado sólido, con enfoque en lectura/escritura aleatoria y tiempos de acceso.

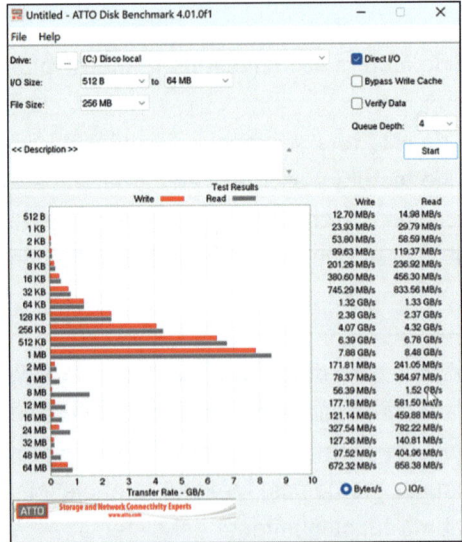

*Resultado de prueba de disco duro usando ATTO Disk Benchmark*

Los resultados de una prueba de velocidad del disco duro pueden variar según distintos factores:

- **Estado del disco:** un disco que tenga sectores dañados o fragmentados afectará al rendimiento propio y al del equipo.
- **Interfaz de conexión:** dependiendo de la conexión (SATA, NVMe o USB) se pueden encontrar velocidades significativamente diferentes.
- **Espacio disponible:** los discos llenos tienden a ser más lentos que los que disponen de mayor espacio libre.
- **Uso en segundo plano:** los programas en ejecución pueden afectar a los resultados del informe, ya que consumen recursos del sistema.

El *software* de velocidad del disco duro es una herramienta esencial que permite realizar un análisis del estado del disco y considerar su sustitución si fuera necesario.

## 6. Herramientas de verificación y optimización del disco duro

El mantenimiento del disco duro es una tarea esencial para garantizar el rendimiento y la estabilidad del sistema operativo. Para ello, existen diversas herramientas que permiten verificar el estado del disco, corregir errores y optimizar su funcionamiento. A continuación, se analizarán algunas de las más utilizadas.

### 6.1. Herramientas de verificación del disco duro

Mantener un disco duro en buen estado es fundamental para evitar posibles fallos en el sistema y la pérdida de los datos almacenados en el mismo. Existen herramientas específicas que permiten identificar y corregir estos errores, asegurando el correcto funcionamiento del almacenamiento.

#### CHKDSK (check disk)

*CHKDSK* es una herramienta nativa de *Windows* que analiza el disco en busca de errores en el sistema de archivos y sectores defectuosos. Puede ejecutarse desde la consola del sistema mediante el comando *chkdsk /f /r*.

El parámetro /f es el que corrige los errores del sistema de archivos, mientras que el comando /r localiza los sectores dañados e intenta recuperar la información almacenada en los mismos.

### SMART *(self-monitoring, analysis and reporting technology)*

SMART es una tecnología integrada actualmente en todos los discos duros que permite monitorizar su estado de salud. Existen otros programas como *CrystalDiskInfo* o *Hard disk sentinel* que permiten leer estos datos y predecir posibles fallos.

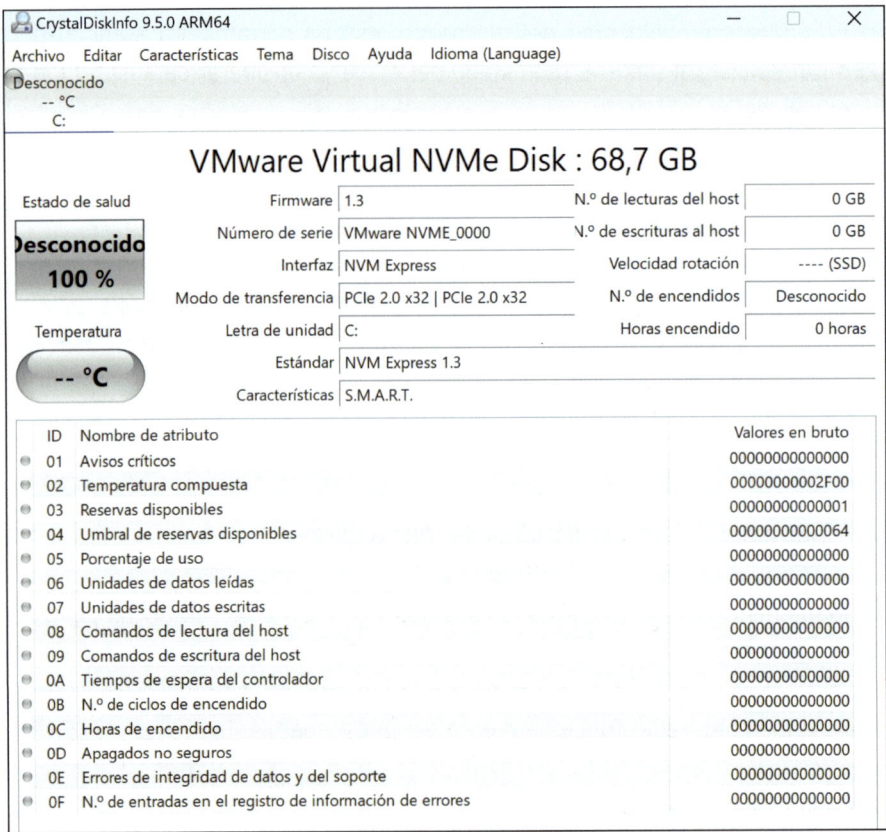

*Resultado de análisis de disco usando CrystalDiskInfo*

## 6.2. Herramientas de optimización del disco duro

Además de verificar la integridad del disco, es importante optimizar su rendimiento para garantizar una mayor velocidad de acceso y la eficiencia del sistema. Existen diversas herramientas que ayudan a reducir la fragmentación y a eliminar archivos innecesarios, entre las que destacarán las que se indican a continuación.

### Desfragmentador de disco

En los discos duros HDD, la fragmentación de archivos puede ralentizar el sistema. La herramienta de desfragmentación de *Windows* ayuda a reorganizarlos para mejorar la velocidad de acceso.

Para ejecutar la desfragmentación, en la barra de búsqueda se debe abrir el botón de **Inicio → Herramientas Administrativas → Desfragmentar y optimizar unidades →** Se selecciona el disco → Se pulsa sobre el botón **Optimizar.**

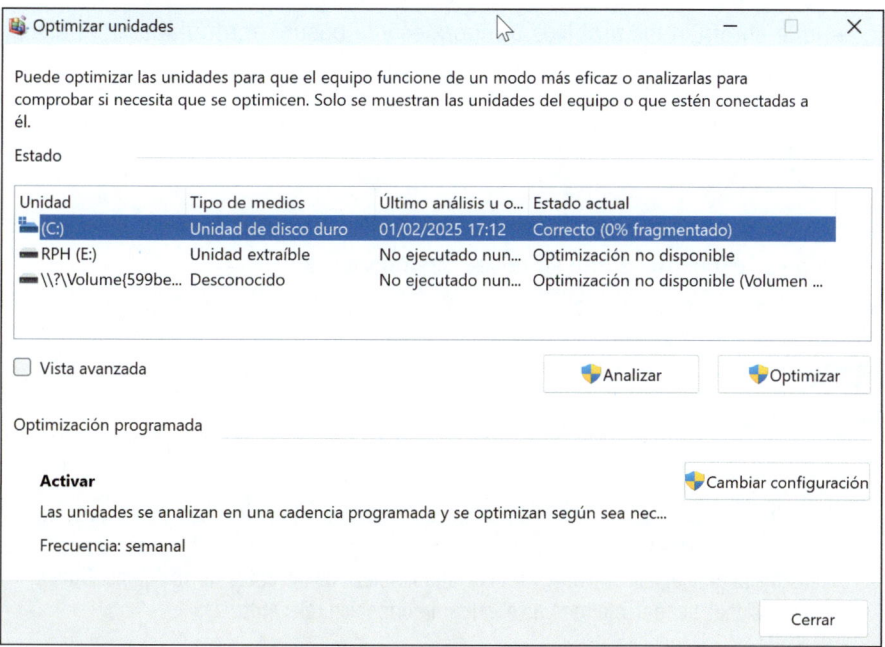

*Desfragmentación de unidades en Microsoft Windows*

## Sabía que...

Los dispositivos que utilizan *macOS* en los equipos de *Apple* no suelen necesitar la desfragmentación, puesto que el sistema de archivos se mantiene organizado de forma automática; cada vez que se copia algo al disco, se reorganiza la información automáticamente.

### Comando *TRIM* para SSD

En el caso de los discos SSD, el comando *TRIM* optimiza el rendimiento eliminando los bloques de datos no utilizados. *Windows* lo ejecuta automáticamente, pero puede activarse de forma manual en el símbolo del sistema de *Windows* tecleando el siguiente comando: *defrag C: /L.*

### Herramientas de limpieza

Se pueden encontrar herramientas de limpieza, como *CCleaner* y otras similares, que eliminan los archivos temporales y la basura acumulada en el disco, liberando espacio y mejorando el rendimiento.

### *Defraggler*

Es una alternativa al desfragmentador de *Windows* que permite seleccionar los archivos específicos que se desea desfragmentar.

## Actividades

4. Realice una desfragmentación de su disco duro usando la aplicación incorporada en *Microsoft Windows.*
5. Instale la aplicación *CCleaner* y realice una limpieza de los datos de su equipo. Utilice las opciones por defecto para no eliminar información relevante.

## 7. Resumen

Cuando se instala un disco duro en un sistema informático, es necesario particionarlo para organizar los datos. Existen tres tipos de particiones:

- Primarias (para instalar el sistema operativo)
- Extendidas (permiten múltiples particiones lógicas)
- Lógicas (subdivisiones dentro de las extendidas)

Los discos pueden usar los esquemas MBR (hasta 4 particiones y 2 TB) o GPT (mayor número de particiones y más de 2 TB).

Una vez particionado, el disco debe formatearse a bajo nivel (formato físico del disco) o a alto nivel (definición del sistema de archivos). Los sistemas de archivos más comunes son FAT (obsoleto), exFAT (mejora de FAT32), NTFS *(Windows)*, APFS *(Apple)*, HFS+ *(Apple)*, y Ext4 *(Linux)*.

El proceso POST *(power-on self-test)* verifica el *hardware* al encender el equipo, asegurando su correcto funcionamiento antes de cargar el sistema operativo.

Existen herramientas como *AIDA64* y *HD Tune* para diagnosticar y monitorizar los discos duros mediante SMART. También hay programas de prueba de velocidad, como *CrystalDiskMark* y *ATTO Disk Benchmark* para evaluar el rendimiento de los discos.

El mantenimiento del disco es un aspecto clave para su rendimiento. Aplicaciones como *CHKDSK (Windows)* y *CrystalDiskInfo* verifican errores y el estado del disco, mientras que la desfragmentación mejora la velocidad en discos HDD.

En general, estas herramientas permiten gestionar, optimizar y prevenir fallos en los discos duros, garantizando su buen funcionamiento y la seguridad de los datos almacenados.

Ejercicios de repaso y autoevaluación

1. **Indique si las siguientes afirmaciones son verdaderas o falsas.**

   a. El almacenamiento de la información en los sistemas informáticos es un aspecto fundamental.

      ☐ Verdadero
      ☐ Falso

   b. Cuando se instala un disco duro, lo primero que se debe hacer es asignarle una letra identificativa.

      ☐ Verdadero
      ☐ Falso

   c. Existen cinco tipos de particiones que se pueden aplicar a un disco duro.

      ☐ Verdadero
      ☐ Falso

2. **Cumplimente los espacios faltantes en la siguiente afirmación.**

El _____ a _____ nivel es el responsable de _____ una _____ en _____ de la _____ del disco, de ahí que se denomine formateo _____.

3. **Detalle qué características definen un esquema GPT.**

_____

_____

4. **Un disco solo puede tener como máximo...**

   a. ... dos particiones extendidas.
   b. ... cuatro particiones primarias.
   c. ... tres particiones primarias.
   d. ... diez particiones primarias.

**5. ¿Cuál es el primer sector del disco?**

      a. Cabeza 1, cilindro 1 y sector 1
      b. Cabeza 1, cilindro 1 y sector 0
      c. Cabeza 0, cilindro 0 y sector 1
      d. Cabeza 0, cilindro 0 y sector 0

**6. Enumere las funciones que tienen los sistemas de archivos.**

_____
_____
_____
_____

**7. ¿Qué aplicación se puede utilizar para gestionar las particiones en un equipo con sistema operativo _Linux?_**

      a. Administrador de discos
      b. Utilidad de discos
      c. _GParted_
      d. Comando Format

**8. ¿Qué elemento de un equipo informático es el responsable de ejecutar el POST?**

      a. El sistema operativo
      b. El _software_
      c. El _firmware_
      d. El monitor

**9. Cumplimente los espacios faltantes en la siguiente afirmación**

El procedimiento _____ es una verificación realizada por la _____ para _____ que todos los _____ necesarios para _____ el ordenador funcionen _____. La _____ de comprobaciones _____ según el _____ de la BIOS.

**10. Los programas que evalúan el estado del *hardware* y del *software* son...**

    a.  ... el *firmware* de diagnóstico.
    b.  ... el mantenimiento correctivo.
    c.  ... las redes informáticas.
    d.  ... el *software* de diagnóstico.

# Capítulo 3
# Mantenimiento de equipos microinformáticos

# Contenido

1. Introducción
2. Medidas de seguridad en el mantenimiento de equipos microinformáticos
3. Herramientas de *software* para el mantenimiento preventivo
4. Características de los soportes, periféricos y unidades de almacenamiento desde el punto de vista del mantenimiento
5. Técnicas de comprobación de soportes y periféricos
6. Herramientas de limpieza
7. Tipos de mantenimiento y limpieza de soportes
8. Precauciones de almacenamiento de soportes informáticos
9. Mantenimiento periódico de unidades de almacenamiento
10. Operaciones de mantenimiento de impresoras y periféricos
11. Resumen

# 1. Introducción

Los equipos microinformáticos son elementos vitales tanto para los usuarios como para las empresas que los utilizan en el procesamiento de la información con la que trabajan. Su correcto funcionamiento es esencial para evitar interrupciones en el trabajo, por lo que el mantenimiento de equipos microinformáticos es crucial para asegurar su operatividad a largo plazo.

El mantenimiento de estos equipos comprende la realización de una serie de actividades preventivas y correctivas destinadas a optimizar el rendimiento, a prolongar la vida útil de los componentes y a prevenir los fallos inesperados. Entre estas tareas se incluyen la limpieza física de los dispositivos, las actualizaciones de *software,* la verificación del *hardware,* la protección contra los virus y la resolución de problemas técnicos.

Un correcto mantenimiento mejora la funcionalidad de los equipos y reduce el coste de las reparaciones. También permite detectar problemas antes de que se produzcan, minimizando el tiempo de inactividad y asegurando la continuidad operativa de los sistemas.

# 2. Medidas de seguridad en el mantenimiento de equipos microinformáticos

Las medidas de seguridad en el mantenimiento de los equipos microinformáticos se enfocan sobre los tres elementos que se encuentran en un sistema microinformático:

- **El *hardware,*** o todos los elementos físicos que integran los sistemas microinformáticos. Se deben respetar las indicaciones de los fabricantes para realizar un mantenimiento correcto.
- **El *software,*** o programas y aplicaciones que se instalan en los equipos. Debe seleccionarse de acuerdo con su compatibilidad con el sistema. El *software* que se instale en los equipos debe tener la licencia correspondiente, que garantizará su originalidad y propiedad. No se debe instalar ningún *software* si no se dispone de la licencia correspondiente.

- **La información** es el elemento más importante de un sistema informático. El motivo de esta afirmación es que la información no se puede recuperar a no ser que se tenga una copia de la misma.

Además de las medias de seguridad relacionadas con el *software,* el *hardware* y la información, se deben respetar otras medidas que pueden afectar al propio equipo o al operario que realiza el mantenimiento.

## 2.1. Cargas electrostáticas (ESD)

Las cargas electrostáticas representan un riesgo significativo para los sistemas microinformáticos, ya que pueden dañar componentes sensibles y comprometer el funcionamiento de los dispositivos electrónicos. Este fenómeno ocurre cuando un objeto cargado eléctricamente transfiere su carga a otro con diferente potencial.

Las cargas electrostáticas se deben principalmente a la fricción entre materiales aislantes o conductores. Algunas de las causas más comunes en los entornos microinformáticos incluyen:

- Movimiento de personas y rozamiento de ropa sintética, que puede generar cargas al frotarse con alfombras o superficies plásticas.
- Manipulación de componentes electrónicos sin medidas de protección, que permite la transferencia de cargas desde y hacia el cuerpo humano.
- Uso de herramientas o superficies no descargadas eléctricamente, como las mesas de trabajo sin conexión a tierra.
- Condiciones ambientales inadecuadas, como una baja humedad, que favorecen la acumulación de cargas electrostáticas.

Para evitar estas cargas electrostáticas, es conveniente tomar una serie de precauciones:

- Uso de pulseras antiestáticas que se conectan a una superficie con toma de tierra, para evitar la acumulación de las cargas en el cuerpo del técnico.
- Empleo de tapetes y alfombrillas antiestáticas para disipar las cargas electrostáticas en la zona de trabajo.

- Manipulación adecuada de los componentes electrónicos mediante la manipulación de los dispositivos por sus bordes y evitando tocar los circuitos o pines de conexión.
- Mantenimiento de un ambiente con una humedad controlada de entre el 40 y 60 %, para favorecer la reducción de la acumulación de las cargas electrostáticas.
- Almacenamiento adecuado de los componentes utilizando bolsas antiestáticas y cajas protectoras diseñadas para evitar la acumulación de cargas electrostáticas.
- Conexión a tierra de herramientas y superficies de trabajo para asegurar la descarga segura de cualquier acumulación de cargas.

 **Importante**

La lana y la ropa sintética se cargan fácilmente con energía electrostática, así que se debe elegir la ropa con cuidado.

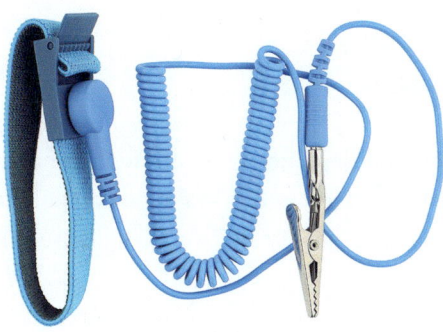

*Pulsera electrostática*

## 2.2. Corriente eléctrica

El uso de equipos microinformáticos implica la interacción de estos con la corriente eléctrica, lo que puede representar riesgos para los propios dispositivos y usuarios si no se toman las medidas de seguridad adecuadas. Debido a la corriente eléctrica, los sistemas pueden sufrir una descarga eléctrica o fallos debidos a las sobrecargas, lo que hace fundamental la adopción de prácticas seguras para prevenir accidentes y garantizar el correcto funcionamiento del sistema.

Dentro de un sistema microinformático se pueden encontrar distintas tensiones. Las más habituales son los 230 V de entrada de la fuente de alimentación y los ±12 V y ±5 V suministrados por dicha fuente de energía.

 Recuerde

Se debe desenchufar el equipo de la red eléctrica cada vez que se necesite manipularlo para llevar a cabo cualquier modalidad de mantenimiento.

## 2.3. Corrientes inductivas

En los sistemas microinformáticos, las corrientes inductivas juegan un papel importante en el funcionamiento de algunos componentes, como las fuentes de alimentación, las bobinas de los circuitos electrónicos y los sistemas de carga inalámbrica.

Las corrientes inductivas se generan cuando un campo magnético variable induce una corriente en un conductor cercano. En un sistema microinformático, esto ocurre en:

- Las fuentes de alimentación conmutadas, que utilizan inductores para transformar y regular la corriente.

■ Las bobinas de los circuitos electrónicos, presentes en las placas base y en otros componentes.

■ Cargadores inalámbricos, que emplean la inducción electromagnética para transferir energía a los dispositivos sin utilizar cables.

**Actividades**

1. Analice los efectos que pueden producir las descargas electrostáticas sobre los equipos y los operarios que los manipulan.

## 3. Herramientas de *software* para el mantenimiento preventivo

Los equipos microinformáticos necesitan que se les realice un mantenimiento preventivo tanto de *hardware* como de *software*. Si están conectados a internet o utilizan dispositivos externos de almacenamiento, pueden ser vulnerables a los virus, a los ataques de los ciberdelincuentes y a los programas maliciosos que intentan destruir o robar información.

En este contexto, las herramientas de *software* juegan un papel fundamental al facilitar la automatización de las tareas como la limpieza de archivos temporales, la desfragmentación del disco, la detección de amenazas de seguridad y la monitorización del *hardware*. Estas herramientas permiten reducir el desgaste de los componentes, evitar fallos inesperados y mejorar la eficiencia de los equipos.

Existen diferentes tipos de *software* que pueden ayudar al mantenimiento preventivo, desde soluciones integradas en los propios sistemas operativos hasta programas especializados de optimización y seguridad. Utilizar estas herramientas adecuadamente ayuda a prolongar la vida útil de los dispositivos y a mejorar la experiencia del usuario en los entornos domésticos y profesionales.

## 3.1. Antivirus

En el mercado hay distintos tipos de *software,* gratuitos y de pago, que ayudan a mantener el ordenador libre de virus, gusanos y troyanos. Estos programas, además de detectar los virus, también los eliminan y reparan el daño causado. La efectividad de estos dependerá de la calidad del antivirus y de la peligrosidad del virus.

Los programas antivirus tienen la capacidad de proteger a los equipos frente a los siguientes elementos:

**Virus**

Un virus es un programa o archivo que se adjunta y descarga en el sistema, propagándose a otros equipos y dañándolos. Las consecuencias varían según el tipo de virus, y pueden ser más o menos graves.

**Troyano**

*Software* malicioso que aparenta ser legítimo, y que causa daños al ejecutarlo.

**Keylogger**

Un *keylogger* es un *software* o *hardware* que registra las pulsaciones producidas en el teclado. Una vez registradas, estas pulsaciones se pueden guardar o enviar a través de internet.

**Spyware**

El *spyware* es un *software* que recopila información sobre el usuario o su equipo y la distribuye a terceros, como empresas publicitarias, para su uso comercial.

### Gusanos o *worms*

Un gusano es un *malware* en la memoria del sistema que no altera los archivos, pero se replica sin control, consumiendo recursos y ralentizando el sistema hasta impedir la ejecución normal de los procesos.

### *Backdoor*

Un *backdoor,* o puerta trasera, es un *software* que permite acceder al sistema sin pasar por los procedimientos normales de identificación, evitando así ser detectado.

### *Ransomware*

El *ransomware* es un *malware* que bloquea el sistema o los archivos del usuario y solicita una recompensa para liberarlos. Se propaga como un gusano.

### Web *bug*

Un web *bug* es una imagen muy pequeña o invisible, de solo 1 píxel, incrustada en una página web o *e-mail* para saber si ha sido descargada cuando el usuario abre el *e-mail* o accede a la página web.

### *Rootkit*

Un *rootkit* es una herramienta de *software* diseñada para obtener control sobre un sistema informático y explotarlo con unas finalidades específicas.

### *Scumware* o escoria

El *scumware* es un *software* que impide su desinstalación, altera el funcionamiento de los sitios web redirigiéndolos a otras páginas, crea hiperenlaces no deseados y reemplaza *banners* publicitarios.

### *Spyware* enmascarado

Es una táctica engañosa que induce al usuario a creer lo contrario de lo que realmente sucederá. Aparecen ventanas emergentes que indican que el sistema tiene problemas y ofrecen asistencia. Al seguir estas indicaciones, se descarga e instala *spyware* sin el conocimiento del usuario.

### *Microsoft Defender*

*Microsoft Defender* es un antivirus y *software* de seguridad desarrollado por *Microsoft,* incluido en todas las versiones recientes de *Windows.* Su función principal es detectar, bloquear y eliminar amenazas en tiempo real, protegiendo el sistema de ataques tanto *online* como *offline.*

Las principales características de este *software* de seguridad y protección del equipo son:

- Protección en tiempo real mediante el escaneo continuo de los archivos y programas para detectar el posible *malware.*
- Defensa contra el *ransomware* mediante el bloqueo de los accesos no autorizados a los archivos importantes.
- Análisis y protección en la nube, lo que permite una detección más rápida de las amenazas emergentes.
- *Firewall,* monitorización y protección de la red para evitar accesos no deseados.
- Control parental que permite restringir el acceso a ciertos contenidos y aplicaciones.
- Seguridad en el navegador mediante la integración con *Microsoft Edge* y otros navegadores para evitar los sitios maliciosos.

Para habilitar el antivirus *Windows Defender* en un equipo que esté utilizando el sistema operativo *Windows,* se debe acceder a las opciones de configuración de seguridad de *Windows* **(Configuración → Privacidad y seguridad → Seguridad de *Windows*)** y activar la opción **Protección contra virus y amenazas,** pulsando sobre la opción que se desea instalar para que se actualice con los últimos cambios y modificaciones de virus y *malware.*

*Microsoft Defender* ha evolucionado hasta convertirse actualmente en una de las opciones más seguras para la protección de los equipos. Su integración con *Windows,* su protección en tiempo real y sus actualizaciones automáticas lo convierten en una herramienta eficaz contra las amenazas cibernéticas.

 **Aplicación práctica**

**Tras revisar el estado de su equipo, se ha dado cuenta de que no dispone de ningún antivirus instalado, por lo que ha decidido habilitar y actualizar *Microsoft Defender* para que lo proteja. ¿Qué pasos se deben seguir para habilitarlo y actualizarlo?**

**SOLUCIÓN**

El proceso que se debe seguir es el siguiente:

1. Se abrirán las opciones de configuración de la seguridad en *Microsoft Windows:*
2. **Configuración → Privacidad y seguridad → Seguridad de *Windows.***
3. El apartado **Protección contra virus y amenazas** se debe activar.
4. Hay que pulsar sobre la opción correspondiente para que se actualice con las últimas versiones.

## 3.2. Cortafuegos

Los cortafuegos son sistemas diseñados para filtrar y controlar el tráfico de datos entre las redes, impidiendo accesos no autorizados y protegiendo la información contra ataques maliciosos. Un *firewall* bien configurado en empresas, instituciones o en dispositivos personales es una barrera fundamental para prevenir intrusiones, el *malware* y los ciberataques.

Un *firewall* es un sistema de seguridad que monitoriza y regula el tráfico de red, permitiendo o bloqueando conexiones de acuerdo al conjunto de reglas predefinidas. Su principal función es evitar accesos no autorizados, mientras que permite el flujo seguro de datos y accesos de usuarios.

Los *firewalls* operan siguiendo reglas de seguridad que determinan qué tráfico puede entrar o salir de una red. Estas reglas pueden estar basadas en:

■ **Dirección IP:** permite o bloquea tráfico según la procedencia o destino de la conexión.
■ **Número de puerto:** controla el acceso a los servicios específicos, como el puerto 80 para la navegación web o el 25 para los correos electrónicos.
■ **Protocolo de red:** puede bloquear protocolos inseguros o sospechosos, como FTP no cifrado.
■ **Análisis de contenido:** en los *firewalls* avanzados, se inspeccionan los datos en busca de amenazas como virus o ataques maliciosos.

Para activar y configurar el *firewall* de *Microsoft Windows* se debe acceder al apartado **Firewall de Windows,** que se encuentra dentro del **Panel de Control → Seguridad y mantenimiento →** *Firewall* de *Windows Defender,* activarlo para las redes privadas y públicas y configurar las reglas personalizadas que se desee.

Cuando un paquete de datos no cumple con las reglas establecidas, el *firewall* lo bloquea automáticamente, evitando accesos potencialmente peligrosos.

## Importante

Con el avance de las amenazas cibernéticas, contar con un *firewall* bien configurado y actualizado es clave para mantener la integridad de cualquier sistema informático.

## Aplicación práctica

**¿Qué pasos se deben seguir para configurar el *firewall* de *Microsoft Windows?***

Continúa en página siguiente >>

<< Viene de página anterior

**SOLUCIÓN**

Una vez activado y configurado el antivirus, es momento de configurar el *firewall* integrado en el sistema operativo y que protege el sistema contra accesos no autorizados. Para activarlo o configurarlo, se deben seguir los siguientes pasos:

1. Acceder al **Panel de Control → Seguridad y mantenimiento →** *Firewall* de *Windows Defender.*
2. Verificar que el *firewall* esté activado en las redes privadas y públicas.
3. Configurar las reglas personalizadas en **Configuración avanzada** para permitir o bloquear aplicaciones específicas.

## 3.3. Herramientas de limpieza de *software*

Debido al uso continuo de los equipos informáticos, el sistema operativo acumula archivos innecesarios, registros corruptos, restos de programas desinstalados y otros elementos que afectan directamente al rendimiento del dispositivo. Para mantener un sistema en un estado óptimo, es fundamental utilizar herramientas de limpieza de *software,* que ayudan a liberar espacio, mejorar la velocidad y prevenir errores en el sistema.

Entre las funciones más habituales que desarrollan este tipo de herramientas encontramos las siguientes:

- Eliminación de archivos temporales, borrando datos innecesarios generados por el sistema y por las aplicaciones.
- Optimización del registro de *Microsoft Windows,* limpiando entradas del registro obsoletas o dañadas.
- Gestión de programas de inicio, controlando las aplicaciones que se ejecutan cuando arranca el equipo.
- Limpieza de la caché y de las *cookies* del navegador, mejorando la privacidad y el rendimiento web.
- Eliminación de *software* no utilizado, desinstalando los programas innecesarios.

## Actividades

2. Realice una comparativa de las diferencias existentes entre los antivirus gratuitos y los de pago.
3. Investigue acerca de los distintos tipos de *firewall* que existen.
4. Realice un listado con las ventajas de uso de un *firewall*.
5. Busque en internet distintas soluciones antiespías gratuitas que pueda instalar en su equipo.

## 4. Características de los soportes, periféricos y unidades de almacenamiento desde el punto de vista del mantenimiento

En un entorno informático, los soportes de almacenamiento, los periféricos y las unidades de almacenamiento son componentes esenciales para el funcionamiento y rendimiento del sistema. Sin embargo, para garantizar su durabilidad y operatividad, es fundamental aplicar distintas estrategias de mantenimiento preventivo y correctivo que ayuden a prevenir fallos y aseguren su correcto desempeño.

En este apartado se analizarán las características de estos dispositivos desde el punto de vista del mantenimiento, abordando su funcionamiento, los riesgos más comunes y las mejores prácticas para su conservación.

### 4.1. Soportes y unidades de almacenamiento

Los soportes de almacenamiento son los dispositivos utilizados para guardar y gestionar los datos de manera temporal o permanente. Para garantizar su rendimiento y prolongar su vida útil, es esencial aplicarles un mantenimiento adecuado que incluya su limpieza, la prevención de errores, la actualización del *firmware* y la realización de copias de seguridad, entre otras estrategias.

Los soportes de almacenamiento pueden clasificarse en magnéticos, ópticos, electrónicos y en la nube. Cada tipo requiere un mantenimiento específico para evitar fallos y la pérdida de datos.

**Soportes magnéticos**

Dispositivos que almacenan datos mediante campos magnéticos en discos giratorios o cintas, como los discos duros o las unidades magnéticas.

Las acciones de mantenimiento recomendadas para estos dispositivos incluyen:

- Evitar los golpes y las vibraciones que puedan dañar los platos magnéticos.
- Mantener una temperatura adecuada para evitar su sobrecalentamiento.
- Desfragmentar periódicamente los discos duros mecánicos (HDD) para mejorar la velocidad de acceso.
- Monitorizar el estado del disco mediante herramientas SMART.
- Realizar copias de seguridad para prevenir la pérdida de datos.

**Soportes electrónicos (discos de estado sólido)**

Dispositivos que utilizan memorias *flash* para almacenar datos de forma rápida y eficiente.

Las acciones de mantenimiento recomendadas para estos dispositivos incluyen:

- No desfragmentar los discos SSD, ya que se acorta su vida útil.
- Mantener espacio libre para optimizar el rendimiento.
- Expulsar de manera segura las memorias USB y tarjetas SD antes de retirarlas.
- Actualizar el *firmware* de los discos SSD para mejorar su compatibilidad y estabilidad.
- Habilitar la función TRIM en los discos SSD para mejorar la gestión de archivos eliminados.

**Almacenamiento en la nube**

Es un sistema basado en el uso de servidores remotos que permiten almacenar y gestionar los datos a través de internet.

Las acciones de mantenimiento recomendadas para estos dispositivos incluyen:

- Usar contraseñas seguras y establecer la autenticación en dos pasos para proteger los datos.
- Descargar copias de archivos importantes para evitar su pérdida.
- Verificar la política de privacidad y los términos de servicio del proveedor.
- Monitorizar el uso del espacio de almacenamiento disponible.
- Realizar una limpieza periódica de los archivos innecesarios para optimizar el espacio.

## 4.2. Periféricos

Los periféricos informáticos son los dispositivos externos que permiten ampliar las funcionalidades del sistema informático, ya sea para la entrada, salida o almacenamiento de los datos. Estos componentes, aunque no forman parte del núcleo del sistema, son esenciales para el correcto funcionamiento del equipo. Por ello, un mantenimiento adecuado de los periféricos es crucial para evitar fallos, optimizar el rendimiento y prolongar su vida útil.

En este apartado, se analizarán las características de los principales periféricos desde el punto de vista del mantenimiento informático, abarcando las recomendaciones de mantenimiento, los problemas comunes y las mejores prácticas.

**Periféricos de entrada**

Son los dispositivos que permiten al usuario enviar datos o comandos al sistema informático. Los más comunes son los teclados, los ratones, los escáneres y las cámaras.

Las acciones de mantenimiento recomendadas para estos dispositivos incluyen:

- **Teclados y ratones:** limpiarlos regularmente con aire comprimido para eliminar polvo y suciedad. Evitar derrames de líquidos y asegurarse de que las teclas o los botones no se atascan.
- **Escáneres y cámaras:** limpiar las lentes con paños de microfibra para evitar marcas y suciedad que afecten la calidad de la imagen.
- **Micrófonos:** mantenerlos alejados de ruidos excesivos y humedad. Limpiar con un paño suave y revisar los cables de conexión.

**Periféricos de salida**

Estos dispositivos permiten que el equipo muestre o emita la información procesada. Son fundamentales para interactuar con el sistema, ya sea para mostrar visualmente los datos o para reproducir sonidos.

Las acciones de mantenimiento recomendadas para estos dispositivos incluyen:

- **Monitores:** limpiar las pantallas con paños de microfibra. Evitar la exposición al polvo, a la humedad y a las temperaturas extremas que puedan afectar la calidad de la imagen.
- **Impresoras:** realizar la limpieza de los cabezales de impresión y verificar regularmente los cartuchos de tinta o tóner. Limpiar los rodillos y comprobar que no haya atascos de papel.
- **Altavoces:** evitar la exposición a la humedad y a la suciedad. Limpiar las conexiones y comprobar que el volumen no esté excesivamente alto durante períodos prolongados.

 Actividades

6. Realice un listado en el que recoja las buenas prácticas de mantenimiento generales para los equipos informáticos.

## 5. Técnicas de comprobación de soportes y periféricos

Los soportes de almacenamiento y los periféricos informáticos son elementos clave en el funcionamiento de cualquier sistema. Los primeros permiten almacenar y recuperar los datos, mientras que los periféricos facilitan la interacción con el equipo. Para garantizar su correcto funcionamiento y evitar los fallos, es fundamental realizar técnicas de comprobación periódicas.

### 5.1. Soportes

El correcto funcionamiento de los soportes informáticos es esencial para garantizar el acceso, almacenamiento y protección de los datos en cualquier sistema informático. Los soportes, incluyendo el almacenamiento en la nube, deben ser revisados y comprobados periódicamente para prevenir fallos y minimizar el riesgo de pérdida de información. Las técnicas de comprobación son procedimientos y herramientas que permiten verificar la salud y el rendimiento de estos dispositivos.

Las técnicas más comunes de comprobación de los soportes informáticos para asegurarse de que están en buen estado de funcionamiento son:

- Comprobación de la integridad de los dispositivos de almacenamiento mediante el uso de las herramientas de diagnóstico SMART *(self-monitoring analysis and reporting technology)* y la comprobación de errores en el sistema de archivos (CHKDSK).
- *Benchmarking* de las unidades SSD y HDD para medir el rendimiento de lectura y escritura del dispositivo de almacenamiento, que permite detectar si el soporte está funcionando a su máxima capacidad.
- Pruebas de temperatura de la unidad de almacenamiento para identificar posibles sobrecalentamientos.
- Verificación de la conectividad y la funcionalidad de las unidades externas como las memorias USB, discos duros externos y tarjetas SD que son propensas a fallos debido a las conexiones inestables o daños físicos.
- Verificación de las copias de seguridad en la nube, que garantiza la accesibilidad y la integridad de los datos almacenados en la nube.

## 5.2. Periféricos

Los periféricos informáticos permiten a los usuarios interactuar con los equipos y realizar tareas específicas, como imprimir, escanear o introducir datos mediante el uso de teclados, ratones, impresoras, monitores, escáneres y altavoces. Para asegurar su buen funcionamiento y evitar fallos, es esencial seguir algunas técnicas de comprobación y diagnóstico.

Los periféricos de entrada —como teclados, ratones, cámaras, micrófonos y escáneres— permiten al usuario enviar datos al equipo informático. Comprobar estos dispositivos asegura su correcta comunicación con el mismo.

Los periféricos de salida permiten a los equipos mostrar la información al usuario, como es el caso de los monitores, impresoras y altavoces. Comprobar su funcionamiento es esencial para garantizar la correcta visualización de datos o la impresión de documentos.

## 5.3. Herramientas y *software* para la comprobación de periféricos

El diagnóstico adecuado de los sistemas y dispositivos es fundamental para identificar y solucionar problemas de manera eficiente. Existen diversas herramientas de diagnóstico que permiten evaluar el estado y funcionamiento de equipos, redes y *software.* Estas herramientas pueden ser físicas o estar basadas en *software,* como monitorizaciones de la red o análisis de registros del sistema. Su uso adecuado facilita la detección de fallos, optimiza el rendimiento y contribuye al mantenimiento preventivo, asegurando un funcionamiento estable y confiable de los sistemas tecnológicos.

### Herramientas comunes de diagnóstico

Para realizar el diagnóstico más avanzados de los periféricos, se pueden utilizar diversas herramientas de *software* que permiten verificar la funcionalidad de los dispositivos conectados al equipo. Entre estas herramientas se encuentran:

- **Diagnóstico de *hardware* integrado en el sistema operativo *(Windows, macOS):*** habitualmente, los sistemas operativos incluyen herramientas para verificar la conectividad y el funcionamiento de los periféricos.
- **Herramientas propias de los fabricantes:** casi todos los fabricantes de los periféricos ofrecen *software* de diagnóstico para comprobar la funcionalidad de sus dispositivos.
- ***Software* de prueba de *hardware:*** aplicaciones como *HWiNFO, AIDA64* o *Speccy* permiten verificar el estado de los periféricos y otros componentes del sistema.

# 6. Herramientas de limpieza

La limpieza física de un equipo informático es un aspecto esencial para su correcto funcionamiento y durabilidad. El polvo, la suciedad y otros residuos que pueden acumularse en los componentes internos y externos pueden provocar sobrecalentamientos, reducción del rendimiento e incluso fallos en el sistema. Para realizar una limpieza adecuada, es fundamental contar con las herramientas correctas, encargadas de eliminar la suciedad sin dañar los circuitos electrónicos.

### Aire comprimido

El aire comprimido es una herramienta esencial para la limpieza de los equipos informáticos, ya que permite eliminar el polvo acumulado en los componentes internos sin necesidad de contacto físico. Se utiliza principalmente en los ventiladores, disipadores de calor, teclados y puertos de conexión, donde el polvo puede acumularse y afectar el rendimiento del equipo. Su uso regular previene el sobrecalentamiento y la obstrucción del flujo de aire dentro del gabinete. Para una aplicación segura, se recomienda utilizar ráfagas cortas y mantener el bote en posición vertical para evitar la expulsión de líquido que pueda dañar los circuitos.

### Brochas y pinceles antiestáticos

Las brochas y pinceles antiestáticos son herramientas indispensables para la limpieza de las áreas en las que el aire comprimido no es suficiente. Sus cerdas suaves permiten eliminar el polvo y la suciedad sin generar electricidad estática, lo que protege a los circuitos electrónicos de posibles daños. Son especialmente útiles para limpiar ranuras de memoria RAM, tarjetas gráficas, puertos USB y otros componentes donde el polvo suele acumularse en las pequeñas grietas y afectar al rendimiento del equipo. Además, su uso es ideal para eliminar el polvo que se deposita en la placa base y en los disipadores de calor.

### Paños de microfibra

Los paños de microfibra son esenciales para la limpieza de superficies delicadas, como pantallas, carcasas y otros componentes externos del equipo. A diferencia de otros materiales, como los pañuelos de papel o los paños de algodón, los paños de microfibra no desprenden pelusa ni dejan marcas en las superficies, garantizando una limpieza más efectiva. Son ideales para eliminar huellas dactilares, polvo y manchas sin dañar la capa protectora de las pantallas. Para una limpieza óptima, pueden utilizarse en seco o ligeramente humedecidos con soluciones de limpieza específicas.

### Alcohol isopropílico (mínimo 90 %)

El alcohol isopropílico es un agente de limpieza altamente efectivo y seguro para los componentes electrónicos, gracias a su rápida evaporación y a la ausencia de residuos que puedan generar daños por humedad. Se utiliza para limpiar contactos eléctricos, y eliminar restos de grasa y suciedad en placas base, memorias RAM, procesadores y otros circuitos sensibles. Es recomendable aplicarlo con un paño de microfibra o un hisopo de algodón, y hay que evitar un uso excesivo. A diferencia del agua y de otros líquidos de limpieza, el alcohol isopropílico no deja rastros que puedan interferir con el correcto funcionamiento de los componentes.

### Aspiradoras antiestáticas

Las aspiradoras antiestáticas están diseñadas específicamente para la limpieza de los equipos electrónicos, y eliminan el polvo sin riesgo de generar descargas electrostáticas que puedan dañar los circuitos. Son una alternativa segura al aire comprimido, ya que succionan el polvo en lugar de redistribuirlo en el ambiente. Su uso es ideal para limpiar el interior del equipo, evitando la acumulación de partículas en los componentes internos. Es importante no utilizar aspiradoras domésticas convencionales, ya que pueden generar electricidad estática y provocar daños irreparables en el *hardware.*

## Toallitas y líquidos especiales para pantallas

Las pantallas de los equipos informáticos requieren del uso de productos de limpieza específicos que no dañen sus recubrimientos ni afecten la calidad de la imagen. Las toallitas húmedas y los líquidos especializados permiten eliminar huellas dactilares, polvo y suciedad sin dejar residuos ni afectar la capa antirreflejo de los monitores. Se recomienda aplicar el líquido sobre un paño de microfibra y no directamente sobre la pantalla para evitar filtraciones en los bordes. El uso de productos no adecuados, como limpiavidrios o alcohol común, puede deteriorar la superficie de la pantalla y reducir su vida útil.

## Guantes antiestáticos

El uso de guantes antiestáticos es altamente recomendable al realizar las tareas de limpieza y mantenimiento de los componentes internos del equipo. Estos guantes evitan la transferencia de la electricidad estática desde las manos del usuario a los circuitos electrónicos, lo que reduce el riesgo de daños en la placa base, tarjetas gráficas y otros componentes sensibles. Además, proporcionan un mejor agarre y evitan que el sudor o la grasa de las manos entren en contacto con los circuitos, lo que podría generar corrosión o fallos a largo plazo.

## Cepillos de goma para teclado

Los teclados acumulan polvo, restos de comida y suciedad con el uso diario, lo que puede afectar su funcionamiento y reducir su vida útil. Los cepillos de goma están diseñados específicamente para limpiar estas áreas sin dañar los mecanismos de las teclas. Son flexibles y permiten remover la suciedad sin necesidad de desmontar el teclado. Para una limpieza más profunda, pueden combinarse con aire comprimido o con un hisopo humedecido en alcohol isopropílico. Mantener el teclado limpio no solo mejora su apariencia, sino que también previene la acumulación de bacterias y prolonga su durabilidad.

## Recuerde

Todas las tareas de mantenimiento debe realizarlas utilizando una pulsera antiestática que le proteja contra las posibles descargas eléctricas.

## Aplicación práctica

**¿Qué materiales serán necesarios para realizar la limpieza de los equipos informáticos de una empresa en la sede de la misma?**

**SOLUCIÓN**

El primer elemento que se debe contemplar para realizar la limpieza de una manera segura es la pulsera antiestática.

Posteriormente, se pueden preparar un soplador para desprender el polvo, un cepillo para limpiar con mayor profundidad los elementos a los que no llegue el soplador y un aspirador para recoger toda la suciedad.

## 7. Tipos de mantenimiento y limpieza de soportes

El mantenimiento y la limpieza de los soportes informáticos son procesos esenciales para garantizar su correcto funcionamiento, prolongar su vida útil y prevenir los fallos en el almacenamiento y transmisión de los datos. Debido a su uso continuo, los soportes físicos (como discos duros, unidades de estado sólido (SSD), memorias USB, discos ópticos y cintas magnéticas) pueden acumular polvo, suciedad o sufrir desgaste, lo que puede afectar a su funcionamiento.

Existen diferentes tipos de mantenimiento, que pueden clasificarse en preventivo, correctivo y predictivo, cada uno con un enfoque específico para evitar o solucionar problemas en los soportes de almacenamiento. Además, la limpieza adecuada de estos dispositivos es crucial para evitar errores, pérdida de información y fallos en el sistema. Implementar unas buenas prácticas de mantenimiento y limpieza permite optimizar el rendimiento de los soportes y garantizar la integridad de los datos almacenados.

## 7.1. Normas

El mantenimiento y la limpieza de los soportes de almacenamiento informático son procesos enfocados en preservar la integridad y la disponibilidad de los datos. Dispositivos como discos duros (HDD), unidades de estado sólido (SSD), memorias USB y tarjetas de memoria están expuestos a multitud de factores que pueden afectar su rendimiento y durabilidad, tales como el polvo, la humedad, el sobrecalentamiento, los golpes físicos o las descargas electrostáticas. Si no se siguen las precauciones adecuadas, estos soportes pueden deteriorarse prematuramente, ocasionando fallos en el sistema o pérdida irreversible de información.

Para evitar estos problemas, es esencial aplicar una serie de normas y buenas prácticas en la manipulación, limpieza y almacenamiento de estos dispositivos. Estas normas incluyen el uso de herramientas y productos adecuados, la protección contra las condiciones ambientales adversas, la realización periódica de copias de seguridad y la implementación de medidas de seguridad contra posibles daños físicos o lógicos.

Aplicar estas medidas no solo protege el *hardware,* sino que también reduce el riesgo de pérdida de datos y facilita el acceso seguro y confiable a la información almacenada. Por ello, conocer y seguir las normas de mantenimiento y limpieza es indispensable tanto para los usuarios domésticos como para los profesionales que manejan grandes volúmenes de datos.

## 7.2. Comprobación

Los soportes de almacenamiento informático, como discos duros (HDD), unidades de estado sólido (SSD), memorias USB y tarjetas de memoria, son esenciales para el funcionamiento de un sistema, ya que almacenan el sistema operativo, los programas y aplicaciones y, lo más importante, los datos del usuario. Con el tiempo, estos dispositivos pueden presentar fallos debido al desgaste, errores en los sectores, fragmentación o daños físicos.

Realizar comprobaciones periódicas en los soportes de almacenamiento permite detectar posibles problemas antes de que se produzcan la pérdida de datos o los fallos críticos en el sistema. Para ello, existen diversas herramientas y técnicas que permiten evaluar su estado, como la verificación de sectores defectuosos, el análisis de la velocidad de lectura y escritura, la revisión de la integridad del sistema de archivos y el monitoreo de la temperatura y ciclos de escritura.

Un mantenimiento adecuado y la detección temprana de errores pueden ayudar a prevenir la corrupción de los datos y garantizar el correcto funcionamiento del equipo, extendiendo la vida útil de los dispositivos de almacenamiento.

## 7.3. Residuos

El mantenimiento de los soportes de almacenamiento informático, como discos duros, unidades de estado sólido (SSD), memorias USB y tarjetas SD, genera diversos residuos que deben gestionarse de manera adecuada para minimizar su impacto ambiental y garantizar la seguridad de la información. Estos residuos pueden incluir dispositivos obsoletos o dañados, fragmentos de circuitos electrónicos, restos de materiales magnéticos y plásticos, así como residuos digitales, como archivos innecesarios o datos sensibles que deben eliminarse de forma segura.

La eliminación inadecuada de estos residuos puede representar riesgos ambientales y de seguridad, ya que algunos componentes contienen materiales tóxicos o reutilizables. Por ello, es fundamental implementar prácticas responsables, como el reciclaje de *hardware,* la destrucción segura de datos y la reutilización de dispositivos en buen estado, contribuyendo así a una gestión sostenible y eficiente de los recursos tecnológicos.

## 7.4. Registro

A lo largo de su ciclo de vida, los dispositivos sufren intervenciones periódicas para optimizar su funcionamiento, detectar posibles fallos potenciales y prevenir la pérdida de información. Uno de los aspectos más importantes en este proceso es el registro detallado de las operaciones de mantenimiento realizadas. El registro de estas actividades no solo permite un seguimiento exhaustivo del estado de los soportes, sino que también proporciona información valiosa para la planificación de futuras intervenciones y facilita la identificación de patrones que puedan indicar problemas recurrentes. Además, un buen registro es esencial para cumplir las normativas de seguridad y auditoría, y ayuda a tomar decisiones informadas sobre la mejor forma de gestionar los recursos de almacenamiento.

 Actividades

7. Planifique el mantenimiento de un equipo informático que realiza las labores de servidor de una oficina.

## 8. Precauciones de almacenamiento de soportes informáticos

Para asegurar la durabilidad y la fiabilidad de los soportes informáticos, es esencial seguir una serie de precauciones que garanticen su protección. Estas medidas no solo prolongan la vida útil de los soportes, sino que también minimizan el riesgo de pérdida de datos valiosos.

### Control de temperatura y humedad

El almacenamiento de los soportes informáticos debe realizarse en un ambiente con la temperatura y la humedad controladas. Las temperaturas extremas pueden afectar negativamente el funcionamiento de los discos duros y otros dispositivos de almacenamiento, provocando fallos o corrupción de los datos. Es recomendable mantener una temperatura constante entre 15 °C y 25 °C, y una humedad relativa entre 20 % y 60 %. El exceso de humedad puede causar corrosión en los componentes electrónicos, mientras que la baja humedad aumenta el riesgo de generar electricidad estática, que puede dañar los discos.

### Exposición a campos magnéticos y eléctricos

Los discos duros y otros soportes magnéticos son altamente sensibles a los campos magnéticos y eléctricos. Estos campos pueden alterar o destruir la información almacenada, por lo que se deben mantener los dispositivos alejados de imanes, altavoces, cables de alta tensión y otros equipos electrónicos que generen campos magnéticos. Almacenar los soportes en bolsas antiestáticas o cajas metálicas puede proporcionar una capa adicional de protección contra estos riesgos.

### Almacenamiento en lugares secos y libres de polvo

El polvo y la suciedad pueden infiltrarse en los componentes de los soportes informáticos, lo que puede obstruir las conexiones o afectar el rendimiento. Es importante almacenar los dispositivos en lugares limpios y secos, protegidos de cualquier tipo de suciedad. El uso de cajas o estuches cerrados para guardar los soportes ayuda a mantenerlos limpios y en un ambiente adecuado.

### Evitar las caídas y golpes

Los dispositivos de almacenamiento son sensibles a golpes o caídas, que pueden dañarlos permanentemente. Es fundamental almacenarlos en lugares seguros y estables, evitando cualquier situación que pueda provocar caídas o impactos. El uso de estuches acolchonados o de almacenamiento rígido para discos duros portátiles y otros dispositivos puede proporcionar una protección adicional.

### Almacenamiento contra incendios y otros desastres

Los soportes informáticos deben ser almacenados en áreas libres de riesgos de incendios, inundaciones o daños estructurales. Es recomendable contar con sistemas de protección contra incendios en las áreas de almacenamiento y, cuando sea posible, utilizar cajas o estuches resistentes al fuego para discos duros y otros soportes. En los entornos de alto riesgo, como centros de datos, se deben implementar medidas avanzadas de seguridad, como sistemas de extinción de incendios automáticos.

### Organización y etiquetado adecuado

El almacenamiento organizado es clave para un manejo eficiente y seguro de los soportes informáticos. Es recomendable etiquetar cada dispositivo de almacenamiento con información relevante, como la fecha de adquisición, el contenido almacenado y cualquier otra información que facilite su identificación. El almacenamiento por categorías y el uso de estanterías o cajas específicas ayuda a prevenir la confusión y asegura que los dispositivos puedan ser localizados rápidamente cuando se necesiten.

### Realización de copias de seguridad periódicas

Para proteger los datos almacenados contra posibles fallos de los dispositivos, es fundamental realizar copias de seguridad de manera regular. Estas copias deben almacenarse en diferentes ubicaciones, ya sea en medios físicos separados o en la nube, para garantizar su seguridad en caso de pérdida o daño del soporte principal. Tener una estrategia de respaldo sólida minimiza el riesgo de pérdida de datos importantes y asegura la continuidad del trabajo.

### Protección contra el acceso no autorizado

Se deben asegurar los soportes de almacenamiento contra el acceso no autorizado, especialmente cuando contengan información sensible o confidencial. El uso de sistemas de bloqueo, cámaras de seguridad y el almacenamiento en áreas restringidas ayuda a proteger los dispositivos de posibles robos o manipulaciones no deseadas. En el caso de soportes de almacenamiento portátiles, como discos duros externos, es recomendable utilizar contraseñas y cifrar los datos.

## 9. Mantenimiento periódico de unidades de almacenamiento

El mantenimiento periódico de las unidades de almacenamiento es fundamental para asegurar su rendimiento óptimo y la fiabilidad de dichos sistemas a largo plazo. A medida que los dispositivos envejecen o se utilizan de forma intensiva, es necesario realizar un seguimiento regular para detectar los posibles fallos, optimizar su funcionamiento y garantizar la seguridad de los datos.

El mantenimiento periódico ayuda a identificar problemas antes de que ocurran, previniendo la corrupción de los datos, mejorando el rendimiento y prolongando la vida útil de las unidades de almacenamiento.

### Verificación del estado de salud de la unidad

El primer paso en el mantenimiento periódico de una unidad de almacenamiento es la realización de un análisis de su estado de salud. Existen herramientas de diagnóstico que permiten revisar la integridad del dispositivo, como la utilidad SMART *(self-monitoring analysis and reporting technology)* para los discos duros y SSD. Estas herramientas proporcionan información sobre el estado físico de la unidad, incluyendo la temperatura de funcionamiento, los sectores defectuosos y el desgaste de los componentes.

### Realización de copias de seguridad regulares

Las copias de seguridad *(backups)* son una parte esencial del mantenimiento de las unidades de almacenamiento. Aunque pueda parecer que los dispositivos están en buen estado, siempre existe el riesgo de un fallo inesperado. Realizar copias de seguridad periódicas de los datos garantiza que la información esté protegida, incluso en caso de que la unidad de almacenamiento se dañe. Las copias de seguridad deben almacenarse en diferentes ubicaciones, preferiblemente en medios físicos separados o en servicios de almacenamiento en la nube, para reducir el riesgo de pérdida de datos.

### Desfragmentación y optimización (para HDD)

La desfragmentación es una práctica importante para los discos duros tradicionales (HDD), ya que, con el tiempo, los archivos se fragmentan, es decir, se dividen en partes dispersas por el disco, lo que puede ralentizar el rendimiento. Utilizar herramientas de desfragmentación ayuda a reorganizar los archivos de manera contigua, mejorando la velocidad de acceso y el rendimiento general del sistema. Sin embargo, esta tarea no es necesaria para las unidades de estado sólido (SSD), ya que no tienen las mismas limitaciones de fragmentación que los HDD.

### Monitorización de la temperatura

Las unidades de almacenamiento son sensibles a las temperaturas extremas. El sobrecalentamiento puede acelerar el desgaste de los componentes internos y provocar fallos en el dispositivo. Durante el mantenimiento periódico, es esencial monitorizar la temperatura de funcionamiento de la unidad de almacenamiento. Si se detecta un aumento anómalo de la temperatura, hay que revisar los sistemas de ventilación del equipo y asegurarse de que el flujo de aire sea adecuado. Para unidades de almacenamiento críticas, como servidores o centros de datos, puede ser necesario utilizar sistemas de refrigeración adicionales para garantizar una temperatura constante y segura.

### Comprobación y reparación de errores en el sistema de archivos

Es recomendable realizar una comprobación periódica del sistema de archivos de las unidades de almacenamiento para detectar y corregir los posibles errores. Las herramientas *chkdsk* de *Microsoft Windows* o *fsck* en sistemas *Linux* pueden identificar y corregir sectores defectuosos, archivos dañados o inconsistencias en el sistema de archivos. Estas herramientas ayudan a prevenir la corrupción de los datos y mejoran la fiabilidad de la unidad de almacenamiento. La ejecución regular de estas herramientas ayuda a mantener el sistema de archivos limpio y operativo.

### Actualización de *firmware*

Las unidades de almacenamiento, especialmente los SSD, pueden beneficiarse de las actualizaciones de *firmware* periódicas. Los fabricantes suelen lanzar actualizaciones que mejoran el rendimiento, corrigen errores o resuelven problemas de compatibilidad. Es recomendable verificar la disponibilidad de actualizaciones de *firmware* para las unidades de almacenamiento y, si es necesario, proceder con su instalación de manera controlada. Actualizar el *firmware* también puede extender la vida útil del dispositivo, mejorar la eficiencia energética y optimizar el rendimiento de lectura y escritura.

### Limpieza física de la unidad

La limpieza física de las unidades de almacenamiento, especialmente los discos duros y las unidades de servidor, es importante para mantenerlas libres de polvo y suciedad, que pueden interferir con el funcionamiento del dispositivo. Utilizar aire comprimido o un paño de microfibra puede ser útil para eliminar el polvo de las superficies de las unidades, garantizando una mejor disipación del calor y reduciendo el riesgo de daños por acumulación de partículas. Es importante asegurarse de que las unidades se limpien con cuidado y sin generar electricidad estática, que podría dañarlas.

### Reemplazo de unidades defectuosas o envejecidas

Finalmente, a medida que las unidades de almacenamiento envejecen, es probable que su rendimiento disminuya y el riesgo de fallos aumente. Durante el mantenimiento periódico, es importante identificar unidades que estén alcanzando su vida útil o que presenten fallos recurrentes. En estos casos, es recomendable reemplazar la unidad antes de que falle completamente, para evitar la pérdida de datos o interrupciones en el servicio. Además, si se está utilizando un sistema RAID o similar, es esencial mantener unidades de repuesto para reemplazar rápidamente cualquier unidad defectuosa y asegurar la continuidad del almacenamiento.

## 10. Operaciones de mantenimiento de impresoras y periféricos

El mantenimiento adecuado de las impresoras y los periféricos es esencial para garantizar un funcionamiento eficiente y prolongar la vida útil de estos dispositivos clave en cualquier entorno de trabajo. Las impresoras, escáneres, ratones, teclados y otros periféricos desempeñan un papel fundamental en la interacción con los sistemas informáticos, facilitando tareas diarias como la impresión de documentos, la entrada de datos o la navegación. Sin embargo, con el uso continuo, estos dispositivos pueden presentar fallos o degradarse debido a factores como la acumulación de polvo, el desgaste de piezas mecánicas o problemas de *software.*

## 10.1. Impresoras

Las impresoras son periféricos muy utilizados en las oficinas y menos en los hogares. Pueden utilizar tinta, láser o el calor (térmicas) para imprimir.

Las técnicas básicas de comprobación de este periférico son:

- **Prueba de impresión:** realización de una prueba de impresión desde el sistema operativo utilizando la función de diagnóstico de la impresora.
- **Comprobación de la conexión:** verificación del cable de conexión o conexión wifi asegurando que la impresora funciona y está conectada al dispositivo adecuado.
- **Revisión de los niveles de tinta o tóner:** garantizar que los cartuchos de tinta o tóner no estén vacíos.
- **Comprobación de la inexistencia de atascos:** verificar que no hay papel atascado en la impresora o que presenta problemas con el mecanismo de alimentación.
- **Reinstalar controladores:** si la impresora no responde, hay que reinstalar los controladores desde la web del fabricante o CD de instalación.

## 10.2. Monitor

El monitor es el periférico de salida más importante, utilizado para visualizar la información con la que trabaja el equipo.

Las técnicas básicas de comprobación de este periférico son:

- **Verificación de conexiones:** asegurando que el cable de alimentación y el de vídeo están correctamente conectados en ambos extremos.
- **Prueba de pantalla en blanco:** si el monitor no muestra nada, intente encenderlo en modo de prueba. Si no hay imagen, puede ser un problema con la conexión o con el propio monitor.

- **Comprobación de configuración de resolución:** la resolución de la pantalla debe estar configurada correctamente en el sistema operativo. Si la resolución es incorrecta, el monitor puede que no muestre adecuadamente los contenidos.
- **Prueba de encendido y apagado:** si el monitor no se enciende, se debe verificar que no hay fallos de energía.

## 10.3. Teclado

Los teclados son los periféricos más habituales y su mayor cuidado debe ser que todas las teclas funcionen correctamente.

Las técnicas básicas de comprobación de este periférico son:

- **Prueba de teclado:** asegurando que todas las teclas funcionan correctamente mediante un teclado virtual.
- **Conexión física:** verificando que el cable o la pieza de conexión inalámbrica del teclado está correctamente conectada al puerto o receptor inalámbrico.
- **Comprobación de los controladores:** mediante el administrador de dispositivos en *Microsoft Windows* se debe verificar que no existan problemas con el controlador del teclado. Si hay un símbolo de advertencia, hay que actualizar o reinstalar el controlador.

## 10.4. Ratón

El ratón es otro dispositivo de entrada importante. Un ratón que no funcione correctamente puede dificultar el trabajo del usuario.

Las técnicas básicas de comprobación de este periférico son:

- **Comprobación visual:** asegurar que esté correctamente conectado o que las baterías del ratón estén cargadas.
- **Prueba de botones y desplazamiento:** verificar los botones y el funcionamiento correcto de la rueda de desplazamiento.

- **Prueba de movimiento:** desplazamiento del ratón por la pantalla y comprobación de la respuesta correcta del puntero. Si el movimiento no es correcto, se debe limpiar el sensor óptico del ratón y verificar la superficie en la que trabaja.
- **Comprobación de los controladores:** mediante el administrador de dispositivos en *Microsoft Windows* se debe verificar que no existan problemas con el controlador del ratón. Si hay un símbolo de advertencia, hay que actualizar o reinstalar el controlador.

 Aplicación práctica

**¿Qué pasos habría que seguir para mantener una impresora cuya calidad de impresión es muy baja y genera lagunas en la impresión de la información?**

**SOLUCIÓN**

El primer paso es comprobar que los niveles de tinta son adecuados y, una vez comprobado este aspecto, se podría utilizar la herramienta de limpieza de la impresora a través del *software* de la impresora.

Si persiste el fallo y la impresora es de inyección de tinta, se deberán limpiar los cabezales.

 Actividades

8. Desarrolle el listado de acciones que llevaría a cabo para mantener adecuadamente los altavoces y los micrófonos de un equipo.

## 11. Resumen

El mantenimiento de los equipos microinformáticos es crucial para optimizar su rendimiento, prolongar la vida útil de los componentes y prevenir los fallos inesperados.

Las medidas de seguridad se enfocan en el *hardware*, en el *software* y en la información, e incluyen la limpieza física, las actualizaciones de *software* y la protección contra los virus.

Las cargas electrostáticas pueden dañar los componentes sensibles, por lo que se recomienda el uso de pulseras y tapetes antiestáticos y mantener la humedad controlada entre el 40 % y el 60 %.

Las corrientes eléctrica e inductiva representan riesgos importantes para los equipos y usuarios. Es fundamental desenchufar los equipos antes de realizar su mantenimiento y entender el papel que tienen las corrientes inductivas en componentes como las fuentes de alimentación.

Las herramientas de *software,* como los antivirus y los cortafuegos, son esenciales para la protección y mantenimiento preventivo de los equipos, ayudando a detectar y eliminar amenazas de seguridad.

Existen diferentes tipos de *malware,* incluyendo virus, troyanos, *keyloggers, spyware,* gusanos, *ransomware,* y *rootkits,* que pueden afectar gravemente a los equipos y a la información contenida en los mismos.

*Microsoft Defender* es una herramienta de seguridad integrada en *Microsoft Windows* que ofrece protección en tiempo real, defensa contra el *ransomware,* análisis en la nube, *firewall* y control parental.

Las herramientas de limpieza de *software* eliminan archivos temporales, optimizan el registro y gestionan los programas de inicio, mejorando el rendimiento del sistema.

El mantenimiento de periféricos como teclados, ratones, monitores e impresoras es esencial para evitar fallos, optimizar el rendimiento y prolongar su vida útil.

Es crucial respetar las condiciones de almacenamiento de los dispositivos, como controlar la temperatura y la humedad, evitar campos magnéticos, almacenar los dispositivos en lugares limpios, y realizar copias de seguridad periódicas para asegurar la durabilidad y fiabilidad de los soportes informáticos, además de garantizar los datos contenidos en los mismos.

Ejercicios de repaso y autoevaluación

1. **Indique si las siguientes afirmaciones son verdaderas o falsas.**

   a. El *hardware* son los elementos físicos que integran los sistemas microinformáticos.

   ☐ Verdadero
   ☐ Falso

   b. El elemento más importante de un sistema informático es su licencia.

   ☐ Verdadero
   ☐ Falso

   c. El entorno en el que se ubiquen los equipos no les influye a la hora de trabajar.

   ☐ Verdadero
   ☐ Falso

2. **Cumplimente los espacios faltantes en la siguiente afirmación.**

   La _____ y la ropa _____ se _____ fácilmente con energía _____, así que se debe elegir la _____ con _____.

3. **Enumere al menos tres precauciones que se deben tomar para evitar las cargas electrostáticas.**

   _____
   _____
   _____
   _____

4. **Las tensiones más habituales de salida de una fuente de alimentación son...**

   a. ... 12 y 24 V.
   b. ... 12 y 5 V.

c. ... 12 y 50 V.
d. ... 25 y 50 V.

5. **Cada vez que se manipule un sistema microinformático se debe...**

    a. ... apagar el monitor.
    b. ... conectar un teclado auxiliar.
    c. ... desconectar de la red eléctrica.
    d. ... tumbar el equipo para evitar que se caiga.

6. **Enumere las ubicaciones en las que se producen las corrientes inductivas en un sistema microinformático.**

_____
_____
_____
_____

7. **Las herramientas de _software_ para el mantenimiento preventivo pueden...**

    a. ... estar incorporadas en los propios sistemas operativos.
    b. ... desarrollarse como aplicaciones de _hardware_.
    c. ... desarrollarse como solución de _software_.
    d. Las opciones a y c son correctas.

8. **¿Qué _software_ malicioso aparenta ser legítimo y causa daños al ejecutarlo?**

    a. El sistema operativo
    b. El antivirus
    c. El troyano
    d. El _ransomware_

9. **Cumplimente los espacios faltantes en la siguiente afirmación.**

El _____ es un _____ que impide su _____, altera el _____ de los sitios web _____ a otras páginas, crea _____ no deseados y reemplaza _____ publicitarios.

**10.** La herramienta integrada en *Microsoft Windows* y que filtra y controla el tráfico de la red es:

    a. *Microsoft Teams*
    b. *Microsoft Office*
    c. *Microsoft Defender*
    d. El *firewall*

# Capítulo 4

# Elementos consumibles de sistemas microinformáticos

# Contenido

1. Introducción
2. Tipos y características
3. Material fungible de impresión
4. Conservación de elementos consumibles
5. Procedimientos de sustitución de elementos consumibles
6. Seguridad en procedimientos de manipulación y sustitución de elementos consumibles
7. Seguridad ambiental en la sustitución de consumibles informáticos
8. Resumen

# 1. Introducción

Los elementos consumibles son aquellos componentes y materiales que se utilizan de forma recurrente y que requieren de un reemplazo periódico para garantizar el correcto funcionamiento de los equipos. Estos consumibles son esenciales para el mantenimiento y operatividad de los equipos, impresoras y otros dispositivos periféricos.

Entre los principales elementos consumibles se encuentran los cartuchos de tinta y tóner, papel para impresión, baterías, medios de almacenamiento extraíbles (como discos ópticos, memorias USB y tarjetas SD) y productos de limpieza y mantenimiento como el aire comprimido o las toallitas antiestáticas.

El uso adecuado de estos consumibles, además de mejorar el rendimiento de los equipos, también ayuda a prolongar su vida útil y reduce los costes de reparación. Asimismo, es importante considerar la importancia de la sostenibilidad en su gestión, optando por el uso de materiales reciclables y evitando el desperdicio innecesario.

# 2. Tipos y características

Atendiendo a la finalidad a la que se destina, el material fungible se puede clasificar en:

- **Material de almacenamiento.** En este apartado se incluyen todos los elementos destinados al almacenamiento de información, como los soportes ópticos y magnéticos que se desgastan con el uso.
- **Material de impresión.** En este grupo se incorporan todos los productos destinados a la impresión, como puede ser la tinta o el tóner de las impresoras, el papel, las etiquetas, etc.
- **Material de suministro o almacenamiento de energía.** En este grupo se pueden incluir elementos como las baterías. Las baterías son elementos cuyo rendimiento se reduce con el paso del tiempo hasta que dejan de ser operativas.

## Actividades

1. Realice una comparativa de las características de un CD y un DVD.
2. Investigue acerca de las características y ventajas del almacenamiento holográfico.
3. Realice una tabla comparativa de las características de las memorias USB y las tarjetas de memoria.

# 3. Material fungible de impresión

En el mundo de la impresión, ya sea en entornos domésticos, empresariales o industriales, el uso de material fungible es un aspecto fundamental para garantizar la calidad, la eficiencia y la durabilidad de los dispositivos de impresión.

## Definición

**Material fungible de impresión**
Todos aquellos elementos consumibles que se desgastan o agotan con el uso y requieren de una reposición periódica para que las impresoras y los dispositivos de impresión sigan funcionando correctamente.

El avance tecnológico de los sistemas de impresión ha evolucionado significativamente, ofreciendo una amplia gama de impresoras que incluyen tecnologías como la inyección de tinta, la impresión láser, térmica o matricial.

El adecuado uso y mantenimiento de estos consumibles es crucial para obtener impresiones de calidad, y tiene un impacto directo en la durabilidad de los equipos. Un mal uso o unos consumibles inadecuados pueden generar el deterioro prematuro de los componentes internos con altos costes de reparación.

No hay que olvidar que estos materiales tienen un alto impacto ambiental, que se materializa en la generación de residuos electrónicos y plásticos, y pueden afectar negativamente al medioambiente si no se gestionan adecuadamente. Por ello, es recomendable optar por cartuchos reciclables, papel ecológico y programas de gestión de residuos que reduzcan la huella que la impresión tiene sobre el medioambiente.

## 3.1. Cartuchos de tinta

Los cartuchos de tinta son consumibles esenciales en las impresoras de inyección de tinta, y contienen la tinta líquida que se deposita en el papel para generar la impresión. Están diseñados para proporcionar colores y detalles nítidos en los documentos y en las fotografías, y son una opción en los hogares y en las oficinas.

Según su tecnología y compatibilidad, se pueden encontrar los siguientes tipos de cartuchos de tinta:

- **Cartuchos originales** (OEM - *original equipment manufacturer),* fabricados por la marca de la impresora. Aunque tienen un coste superior, ofrecen una mayor fiabilidad y durabilidad, además de garantizar una alta calidad de impresión y compatibilidad total.
- **Cartuchos compatibles** fabricados por terceros, pero diseñados para funcionar en las impresoras. Aunque la calidad y el rendimiento de estos cartuchos puede variar, son más económicos que los originales.
- **Cartuchos recargables** diseñados para ser recargados con tinta cuando se agotan. Son una opción más económica y ecológica, ya que reducen el desperdicio de plástico.

## Importante

En algunos casos, el uso de cartuchos no originales puede anular la garantía de la impresora.

Entre las acciones de mantenimiento que se deben llevar a cabo para alargar la vida de estos elementos de impresión, se recomienda:

- Utilizar la impresora con regularidad para evitar que la tinta se seque y obstruya los cabezales.
- No tocar los inyectores o los circuitos electrónicos del cartucho, ya que puede afectar a su funcionamiento.
- Almacenar los cartuchos en posición vertical y en un lugar fresco y seco para evitar los derrames o un secado prematuro.
- Limpiar los contactos metálicos con un paño seco o realizar un reinicio del dispositivo en el caso de que la impresora no reconozca el cartucho.

## Aplicación práctica

**Teresa es la encargada de compras en una imprenta que utiliza impresoras láser de alta calidad para la impresión de documentos, presentaciones y material gráfico. Recientemente, ha notado que ha aumentado el coste de los cartuchos de tóner, por lo que decide investigar y comparar las distintas opciones disponibles en el mercado para elegir la más conveniente en términos de calidad, coste y sostenibilidad. ¿Cuáles son las características de cada tipo de cartucho de tóner?**

**SOLUCIÓN**

Cartuchos originales (OEM – *original equipment manufacturer)*:

| Fabricados por la misma marca que el equipo.
| Mejor calidad de impresión y compatibilidad.

Continúa en página siguiente >>

<< Viene de página anterior

▌ Coste elevado.
▌ Mayor durabilidad, menores fallos y garantía del fabricante.
▌ Impresiones de alta calidad y fiabilidad.

Cartuchos compatibles:

▌ Fabricados por terceros, pero funcionan con impresoras de distintas marcas.
▌ Son más económicos que los originales, pero pueden tener menor calidad.
▌ Pueden causar problemas de compatibilidad si no cumplen con los estándares adecuados.
▌ Reducen costes sin sacrificar la calidad.
▌ Son ideales para oficinas con un alto volumen de impresión que buscan un equilibrio entre calidad y coste.

Cartuchos remanufacturados:

▌ Cartuchos originales que han sido limpiados, reparados y recargados para su reutilización.
▌ Son más baratos que los originales y reducen el impacto ambiental.
▌ La calidad puede variar dependiendo del proceso de remanufacturado.
▌ Son una alternativa ecológica y más asequible que los originales.
▌ Ideales para empresas con políticas de sostenibilidad y presupuestos ajustados.

Cartuchos recargables:

▌ Permiten que el usuario recargue el tóner en lugar de comprar un cartucho nuevo.
▌ Son la opción más económica a largo plazo, pero pueden generar más mantenimiento.
▌ Conllevan riesgo de ensuciar la impresora si no se recargan correctamente.
▌ Reducen significativamente los costes y ofrecen una menor generación de residuos.
▌ Ideales para empresas o usuarios con experiencia en la manipulación de consumibles y que buscan minimizar costes.

## 3.2. Cartuchos de tóner

Los cartuchos de tóner son consumibles esenciales en las impresoras láser y en las fotocopiadoras, ya que contienen el polvo de tóner que se fusiona con el papel para generar unas imágenes y unos textos nítidos. A diferencia de los cartuchos de tinta, que utilizan tinta líquida, el tóner es un polvo fino compuesto por partículas de plástico, carbono y otros agentes que permiten su adhesión al papel mediante un proceso electrostático y térmico.

Los tipos de cartuchos de tóner son similares a los cartuchos de tinta, aunque se pueden encontrar los **cartuchos remanufacturados,** que son cartuchos originales reciclados, rellenados y reacondicionados para su reutilización por parte del fabricante una vez que el cliente le ha devuelto los envases.

*Impresora con cartuchos de tóner*

Los cartuchos de tóner funcionan mediante la adhesión del tóner al papel mediante un proceso de impresión láser en el que intervienen los siguientes elementos:

- **Tambor fotosensible** que se carga eléctricamente y recibe la imagen del documento mediante el láser.
- **Rodillo revelador** que transfiere el tóner desde el cartucho al tambor.
- **Fusor** que mediante la aplicación de calor y presión fija el tóner al papel, creando una impresión duradera y resistente.

Entre las consideraciones que se deben seguir para realizar el mantenimiento de los cartuchos de tóner se encuentran:

- Agitar suavemente el cartucho cuando la impresión comienza a desvanecerse para redistribuir el tóner y extender su vida útil.

- No exponer los cartuchos de tóner a la luz directa por períodos prolongados, ya que se puede dañar el tambor fotosensible.
- Evitar el contacto directo con el polvo de tóner, ya que puede ser irritante para la piel y las vías respiratorias.
- Almacenar los cartuchos en un lugar seco y fresco, lejos de la humedad y el calor excesivo.

 **Actividades**

4. Defina las ventajas que tiene el tóner sobre la tinta.
5. Realice una comparativa entre las impresoras LED y las láser.

### 3.3. Filamentos para impresoras 3D

Las impresoras 3D han transformado la forma en que se fabrican algunos productos y prototipos, permitiendo la creación de objetos tridimensionales mediante la superposición de capas de material. Dentro de las tecnologías de impresión 3D, el método más común es el FDM *(fused deposition modeling)*, que imprime extruyendo un filamento termoplástico calentado a través de una boquilla para construir el objeto capa a capa.

Los filamentos utilizados en este proceso son consumibles que deben reponerse periódicamente según la frecuencia de uso y la complejidad de las impresiones. Existen diferentes tipos de filamentos, cada uno con propiedades específicas que afectan la resistencia, flexibilidad y acabado de la pieza impresa. Algunos de los más utilizados son:

- **ABS (acrilonitrilo butadieno estireno):** material resistente y duradero, pero que requiere una cama caliente y ventilación adecuada debido a los gases que emite.
- **Nylon y policarbonato:** materiales con una alta resistencia mecánica y térmica, utilizados en aplicaciones industriales.

- **PETG (tereftalato de polietileno glicolizado):** combina las características del ácido poliláctico (PLA) respecto a la facilidad de impresión con la resistencia del acrilonitrilo butadieno estireno (ABS), ideal para piezas funcionales y resistentes a la humedad.
- **PLA (ácido poliláctico):** material biodegradable y fácil de imprimir, lo que lo convierte en el más adecuado para las piezas decorativas o prototipos con una baja exigencia mecánica.
- **TPU (poliuretano termoplástico):** material flexible y elástico, usado en piezas que requieren de una cierta deformabilidad.

Además de los materiales estándar, existen filamentos con cargas especiales, como los reforzados con fibra de carbono, partículas metálicas o madera, que permiten obtener acabados o propiedades específicas. Sin embargo, el uso de estos filamentos implica un mayor desgaste en las boquillas de la impresora.

Para mantener la calidad de impresión y prolongar la vida útil del filamento, es fundamental almacenarlo en lugares secos y protegidos de la humedad, ya que algunos materiales absorben agua, lo que puede afectar negativamente su extrusión y la calidad del producto final.

En términos de sostenibilidad, la industria de la impresión 3D ha evolucionado hacia el uso de materiales reciclados y biodegradables, fomentando un menor impacto ambiental en comparación con métodos de fabricación tradicionales.

### 3.4. CD *(compact disc)* y DVD *(digital versatile disc)*

Estos elementos han sido durante años los principales medios ópticos de almacenamiento de datos, utilizados para guardar información, música, vídeos y *software*. Ambos formatos funcionan mediante la grabación de los datos en una superficie reflectante, que es leída por un láser.

Existen diferentes tipos de discos ópticos, dependiendo de su capacidad y funcionalidad:

- **CD-R/DVD-R:** discos grabables una sola vez, utilizados para la distribución de datos o la grabación de música y vídeos.
- **CD-RW/DVD-RW:** discos regrabables que permiten borrar y sobrescribir la información múltiples veces, lo que los convierte en apropiados para el almacenamiento temporal de información.
- **DVD+R/DVD+RW:** opciones mejoradas con mejor tecnología que los CD que optimizan la precisión de la grabación.
- **Blu-ray (BD-R / BD-RE):** evolución del DVD con una mayor capacidad de almacenamiento, utilizado para películas en alta definición y archivos de gran tamaño.

Aunque los CD y DVD han sido reemplazados en gran medida por soluciones más modernas, como **unidades USB, discos duros externos y almacenamiento en la nube,** todavía se utilizan en sectores específicos, como la industria musical, cinematográfica y la archivística, donde se requiere un respaldo físico de datos.

El uso adecuado de estos discos incluye:

- Almacenamiento en fundas o cajas protectoras para evitar el deterioro por polvo, humedad o exposición a la luz solar.
- Evitar temperaturas extremas, ya que el calor excesivo puede deformar la superficie del disco y afectar su capacidad de lectura.
- Manipulación correcta: sostenerlos por los bordes para evitar rayaduras en la superficie grabada.

 **Actividades**

6. Investigue acerca de los distintos tipos de láser que se utilizan dependiendo del tipo de dispositivo (CD o DVD).
7. Analice los distintos tipos de impresoras 3D que se pueden encontrar en el mercado y sus aplicaciones.

## 3.5. Formularios de papel

Los formularios de papel han sido durante décadas una herramienta fundamental para la recopilación, organización y gestión de información en diversos
ámbitos, desde la administración pública y empresarial hasta el sector educa-
tivo y sanitario. A pesar del auge de la digitalización y la implementación de
sistemas electrónicos para la gestión documental, los formularios impresos
continúan desempeñando un papel clave en numerosos procesos, debido a su
accesibilidad, facilidad de uso y validez legal en muchas transacciones.

Un formulario en papel es un documento estructurado que contiene secciones prediseñadas para la introducción de datos. Puede utilizarse para registrar información de clientes, empleados, transacciones comerciales, registros
médicos, encuestas, solicitudes y una gran variedad de actividades. Su diseño
permite que la información se capture de manera clara y ordenada, facilitando
su posterior procesamiento y almacenamiento.

Sin embargo, el uso de formularios impresos presenta desafíos, especialmente en términos de sostenibilidad y almacenamiento. El consumo de papel
y tinta tiene un impacto ambiental significativo, lo que ha llevado a muchas
empresas a implementar políticas de reducción de papel y digitalización de
documentos. No obstante, en muchos casos, la combinación de formularios
físicos con sistemas electrónicos híbridos sigue siendo la mejor opción para
garantizar su seguridad, accesibilidad y respaldo documental.

## 3.6. Pliegos de etiquetas adhesivas

Los pliegos de etiquetas adhesivas son un recurso fundamental en la identificación, organización y gestión de productos, documentos y envíos en múltiples sectores. Su facilidad de uso, versatilidad y compatibilidad con distintos
sistemas de impresión los convierten en una herramienta indispensable tanto
en el ámbito comercial e industrial como en el doméstico y administrativo.

Desde el etiquetado de productos en supermercados y tiendas hasta la
identificación de archivos en oficinas o el control de inventarios en almacenes, las etiquetas adhesivas permiten una identificación rápida y eficiente de

elementos. Su adhesivo incorporado facilita su aplicación sobre diversas superficies sin necesidad de otros materiales como pegamento o cinta adhesiva, lo que las hace prácticas y económicas.

A pesar del auge de la digitalización y de los sistemas de identificación mediante **códigos QR** y **RFID,** las etiquetas adhesivas siguen siendo ampliamente utilizadas debido a su accesibilidad y bajo coste. Son una solución eficiente para un etiquetado temporal o permanente en productos, paquetes, documentos y artículos de almacenamiento, garantizando que la información sea visible y fácil de leer.

### 3.7. Sobres

Los sobres son un elemento clave en la correspondencia física, y se utilizan para proteger, transportar y presentar documentos importantes, cartas o productos pequeños de forma segura. Aunque la comunicación digital ha provocado la reducción de la cantidad de correspondencia impresa, los sobres siguen siendo esenciales en una variedad de contextos, como el correo postal, las invitaciones, los envíos comerciales y el manejo de documentos confidenciales.

Un sobre es, generalmente, una pieza de papel o material flexible que se cierra por un extremo, creando un espacio cerrado donde se puede insertar un documento. Además de ser una solución práctica para el envío de correspondencia, los sobres también cumplen un papel fundamental en la organización y presentación de la información, especialmente cuando se busca transmitir un mensaje formal o profesional.

### 3.8. Otros

El almacenamiento de la información, ya sea en formato físico o digital, es un aspecto clave en la organización y gestión eficiente de los datos, tanto a nivel personal como profesional. La correcta conservación y archivo de los documentos, archivos digitales y otros tipos de información es esencial para garantizar su accesibilidad, integridad y seguridad a lo largo del tiempo. A medida que avanza la era digital, las opciones para almacenar los datos han aumentado considerablemente, diversificándose entre métodos físicos y virtuales que cubren diferentes necesidades según el tipo de información y el entorno en el que se utilicen.

Estos consumibles incluyen carpetas, archivadores, estuches, discos duros, cintas magnéticas, sobres y fundas, entre otros. Todos ellos cumplen funciones específicas enfocadas en asegurar que la información esté bien organizada, resguardada y lista para ser recuperada cuando sea necesario.

*El cuidado de los dispositivos asegura la integridad de la información almacenada en ellos.*

La combinación de las tecnologías tradicionales y los avances digitales en el almacenamiento proporciona una gama de opciones adaptadas a las necesidades de cada usuario o empresa. Cada tipo de consumible tiene ventajas y limitaciones, y entender cómo elegir el adecuado en función de los requisitos de espacio, seguridad, capacidad y accesibilidad es esencial para maximizar su eficacia. El almacenamiento adecuado de la información no solo mejora la organización y el flujo de trabajo, sino que también asegura la conservación a largo plazo y la facilidad de acceso a los datos cuando más se necesitan.

# 4. Conservación de elementos consumibles

La correcta conservación de los elementos consumibles en su almacenaje es esencial para garantizar su funcionamiento, prolongar su vida útil y reducir los costes operativos. Un almacenamiento inadecuado puede afectar al rendimiento de los dispositivos.

## 4.1. Buenas prácticas de conservación

Para evitar el deterioro prematuro y asegurar el correcto desempeño de los consumibles, se deben seguir las siguientes recomendaciones con respecto a cada uno de los aspectos enumerados:

1. Almacenamiento adecuado:

   - Guardar los cartuchos de tinta y tóner en posición horizontal y en su embalaje original para evitar el secado o los derrames.
   - Mantener los discos duros, las memorias USB y otros dispositivos de almacenamiento en lugares secos y sin temperaturas extremas.
   - Evitar la exposición directa a la luz solar y a las fuentes de calor, que pueden afectar a la composición química de los materiales.

2. Condiciones ambientales:

   - Mantener los consumibles a temperaturas entre 15 °C y 25 °C y con una humedad controlada para evitar la condensación o la sequedad.
   - Evitar cambios bruscos de temperatura, ya que pueden generar daños en los circuitos de dispositivos electrónicos.

3. Manipulación:

   - Usar guantes al manipular los cartuchos de tóner para evitar el contacto con sustancias químicas.
   - No tocar la superficie de los discos ópticos (CD, DVD) ni los conectores de las memorias USB para evitar huellas y posibles fallos en la lectura.

■ El papel se debe almacenar en un lugar seco para evitar que absorba humedad y cause atascos en la impresora.

## 4.2. Mantenimiento preventivo

Además de un almacenamiento adecuado, el mantenimiento preventivo es clave para evitar fallos y garantizar la durabilidad de los consumibles. Este mantenimiento incluye revisiones periódicas, limpieza y un uso correcto para prevenir daños innecesarios en los dispositivos y reducir gastos de reemplazo.

1. **Rotación y uso regular:**

   ■ Utilizar periódicamente los cartuchos de tinta para evitar que la tinta se seque dentro de los cabezales.
   ■ Reproducir archivos en discos y memorias USB con regularidad para prevenir daños por inactividad prolongada.

2. **Limpieza y revisión:**

   ■ Limpiar los cabezales de impresión de forma periódica para evitar obstrucciones y mejorar la calidad de la impresión.
   ■ Usar aire comprimido o paños de microfibra para limpiar los discos duros externos, USB y otros consumibles electrónicos.

3. **Reemplazo oportuno:**

   ■ Cambiar consumibles cuando se observe un deterioro en su desempeño (impresiones borrosas, errores de lectura, etc.).
   ■ No sobrepasar la vida útil recomendada por el fabricante para evitar daños en los equipos.

## 4.3. Beneficios de una buena conservación

Implementar medidas de conservación adecuadas en los consumibles informáticos no solo mejora su rendimiento, sino que también genera beneficios económicos y ambientales. Con una correcta gestión, se pueden minimizar los residuos electrónicos y reducir el impacto negativo en el medioambiente. Estos beneficios son los siguientes:

- **Mayor eficiencia y rendimiento:** un mantenimiento adecuado optimiza el uso de los consumibles y reduce fallos en los dispositivos.
- **Reducción de costes:** evita la necesidad de reemplazos prematuros y prolonga la vida útil de los equipos.
- **Impacto ambiental positivo:** reduce el desperdicio de materiales y fomenta las prácticas sostenibles mediante la reutilización y el reciclaje.
- **Menos riesgos de seguridad:** un manejo y almacenamiento seguro disminuye la posibilidad de derrames, fallos eléctricos o contaminación.

## 5. Procedimientos de sustitución de elementos consumibles

La sustitución de los elementos consumibles en los sistemas microinformáticos es un proceso importante para garantizar el correcto funcionamiento de los equipos y dispositivos, manteniendo su rendimiento y reduciendo su tiempo de inactividad. Los elementos consumibles, tales como cartuchos de tinta, tóner, papel, sobres y otros materiales de impresión y almacenamiento, tienen una vida útil limitada y deben ser reemplazados periódicamente. La gestión eficiente de estos consumibles no solo garantiza la continuidad del trabajo, sino que también contribuye a la reducción de costes operativos y mejora la eficiencia general del sistema.

La sustitución de estos elementos debe seguir procedimientos específicos que garanticen que el reemplazo se realiza de manera correcta sin dañar los equipos. Estos procedimientos varían según el tipo de consumible que se necesite cambiar y el dispositivo que lo requiera.

### 5.1. Procedimiento de sustitución de cartuchos de tinta o tóner

Los cartuchos de tinta y los tóneres son esenciales para la impresión en impresoras de inyección de tinta y láser, respectivamente. A medida que estos se agotan, la calidad de la impresión se ve afectada, por lo que es importante reemplazarlos a tiempo. Los pasos generales para sustituir estos consumibles son:

- **Paso 1. Apagar la impresora:** antes de manipular cualquier componente interno de la impresora, se debe apagar y desconectar de la corriente para evitar accidentes eléctricos.
- **Paso 2. Acceder al compartimento de los cartuchos/tóner:** se debe abrir la tapa o panel de la impresora para acceder a los cartuchos de tinta o tóner. En algunos modelos, es posible que haya que retirar una bandeja o acceder a un compartimento adicional.
- **Paso 3. Retirar el cartucho/tóner agotado:** se debe extraer el cartucho o tóner con cuidado. En el caso de los cartuchos de tinta, estos suelen tener un mecanismo de fijación. Para los tóneres, puede ser necesario liberar un mecanismo antes de retirarlos.
- **Paso 4. Preparar el cartucho/tóner de reemplazo:** antes de instalar el nuevo cartucho, se debe retirar cualquier envoltorio de protección (como plásticos o sellos de seguridad) y agitar el cartucho suavemente para distribuir la tinta o el tóner uniformemente.
- **Paso 5. Instalar el nuevo cartucho/tóner:** se debe colocar el nuevo cartucho o tóner en el compartimento correspondiente, asegurándose de que encaja correctamente. Hay que presionar firmemente para asegurarse de que queda bien fijado.
- **Paso 6. Encender la impresora y realizar una prueba de impresión:** en este último punto se debe conectar la impresora y realizar la impresión de una página de prueba para verificar que el cartucho o tóner está instalado correctamente y que la calidad de impresión es correcta.

 Aplicación práctica

Sergio trabaja en una oficina y se ha dado cuenta de que los documentos impresos salen con manchas y líneas tenues. Al revisar la impresora ha visto que en la pantalla aparece un mensaje indicando que el tóner está bajo. Para garantizar la calidad de las impresiones, decide reemplazar el cartucho de tóner. ¿Qué procedimiento debe seguir Sergio para realizar el cambio correctamente?

Continúa en página siguiente >>

<< Viene de página anterior

## SOLUCIÓN

1. **Verificar el modelo de tóner:** antes de iniciar el proceso de cambio, Sergio debe comprobar el modelo de la fotocopiadora y el tipo de tóner compatible para asegurarse de que el nuevo cartucho es compatible.
2. **Apagar la fotocopiadora:** para evitar daños en el equipo y garantizar su seguridad, debe apagar la fotocopiadora y desconectarla de la corriente.
3. **Abrir el compartimento del tóner:** una vez que ha localizado la tapa o puerta del compartimento donde está instalado el cartucho de tóner, debe acceder a la ubicación del cartucho.
4. **Retirar el cartucho de tóner vacío:** debe sacar con cuidado el cartucho usado respetando las condiciones establecidas por el fabricante si hubiera algún elemento de retención del mismo.
5. **Preparar el cartucho de tóner nuevo:** debe sacar el nuevo cartucho de su embalaje, agitarlo suavemente para distribuir uniformemente el polvo del tóner en su interior y retirar las cintas o precintos protectores si los tuviera.
6. **Instalar el nuevo cartucho de tóner:** debe alinear el nuevo cartucho con la ranura y deslizarlo hasta su posición asegurándose de que queda bien sujeto.
7. **Cerrar la tapa del compartimento:** una vez instalado el nuevo tóner, debe cerrar la tapa o puerta del compartimento de forma segura.
8. **Encender la fotocopiadora y realizar una prueba:** ahora debe conectar y encender la fotocopiadora y, tras realizar el calentamiento correspondiente, debe imprimir una página de prueba para verificar la calidad de la impresión.
9. **Reciclaje del cartucho vacío:** para reducir el impacto ambiental, Sergio debe depositar el cartucho vacío en el contenedor adecuado para su correcto reciclaje o reutilización.

---

## 5.2. Procedimiento de sustitución de papel

El papel es un consumible importante en las tareas de oficina y es fundamental en la impresión y en el copiado de documentos. Mantener el suministro adecuado de papel y reemplazarlo cuando sea necesario es esencial para lograr la eficiencia de los equipos. El procedimiento es el siguiente:

- **Paso 1. Verificar el tipo de papel necesario:** antes de reemplazar el papel, hay que asegurarse de que el tipo y el tamaño del papel que se va a usar sea el adecuado para la impresora o fotocopiadora. Esto garantizará que el dispositivo funcione de manera eficiente y sin atascos.

- **Paso 2. Abrir la bandeja de alimentación de papel:** se debe abrir la bandeja o cajón de alimentación o la ranura de entrada de papel de la impresora o fotocopiadora, donde se coloca el papel.
- **Paso 3. Retirar el papel atascado o doblado:** si quedase algún papel en la bandeja, se debe eliminar si esta doblado o está generando un atasco. En la retirada de las hojas atascadas se debe tener cuidado para no generar daños en los mecanismos del equipo.
- **Paso 4. Cargar el nuevo papel:** se colocará el papel nuevo en la bandeja o cajón de alimentación, asegurándose de que está alineado correctamente para evitar atascos. Hay que evitar sobrecargar la bandeja y hay que asegurarse de que el papel no está doblado o arrugado.
- **Paso 5. Ajustar las guías de papel:** se deben ajustar las guías de la bandeja de papel para adaptarlas al tamaño del papel cargado, lo que ayudará a prevenir atascos y a asegurar una alimentación fluida del papel.
- **Paso 6. Verificar el funcionamiento:** se debe realizar una prueba de impresión o copiado para asegurarse de que el papel esté correctamente alimentado y de que la máquina funciona correctamente.

*La correcta colocación del papel en una impresora o fotocopiadora asegurará que no se producirán atascos.*

### 5.3. Procedimiento de sustitución de otros consumibles (sobres, etiquetas, etc.)

El resto de consumibles, como sobres, etiquetas adhesivas o formularios de papel, también necesitan un proceso de reemplazo más sencillo, pero igualmente importante para mantener la productividad en las tareas de oficina. El procedimiento de sustitución es el siguiente

- **Paso 1. Identificar el tipo de consumible:** antes de reemplazar cualquier consumible, se debe identificar el tipo y tamaño del sobre, etiqueta o formulario que se esté utilizando para garantizar la compatibilidad con el equipo de impresión.
- **Paso 2. Reemplazar el consumible agotado:** se debe retirar el paquete agotado y colocarlo en su lugar correspondiente. En el caso de los sobres o etiquetas se debe revisar que estén alineados correctamente para evitar atascos en las impresoras o sistemas de etiquetado.
- **Paso 3. Realización de una prueba de impresión:** se recomienda realizar una prueba de impresión o etiquetado para verificar que el nuevo consumible está funcionando correctamente y que no hay problemas de alimentación o de calidad en la impresión.

## 5.4. Procedimiento de sustitución de los dispositivos de almacenamiento

La sustitución de los dispositivos de almacenamiento, como discos duros, unidades USB o tarjetas de memoria, es vital cuando estos están agotados, dañados o desactualizados. La correcta sustitución de estos dispositivos asegura que los datos se conserven de manera segura y que los archivos estén siempre accesibles. El procedimiento de sustitución es el siguiente:

- **Paso 1. Verificar el estado del dispositivo de almacenamiento:** antes de proceder con la sustitución, hay que asegurarse de que el dispositivo está agotado o dañado. Si es posible, se debe realizar una copia de seguridad de los datos almacenados antes de retirarlo.
- **Paso 2. Desconectar el dispositivo:** hay que desconectar correctamente el dispositivo de almacenamiento del equipo, evitando su retirada mientras está en uso para evitar la pérdida de datos.
- **Paso 3. Instalar el nuevo dispositivo:** se colocará el nuevo dispositivo de almacenamiento (por ejemplo, un nuevo disco duro o una unidad USB) y se conectará adecuadamente.

- **Paso 4. Transferencia de datos y configuración del dispositivo:** se deberán transferir los datos desde el dispositivo antiguo al nuevo, y se configurará el dispositivo según las necesidades del equipo o usuario.
- **Paso 5. Verificar la operatividad:** hay que asegurarse de que el nuevo dispositivo funciona correctamente mediante una prueba de acceso a los datos o realizando operaciones de lectura/escritura.

## 6. Seguridad en procedimientos de manipulación y sustitución de elementos consumibles

La manipulación y la sustitución de los elementos consumibles en los sistemas microinformáticos y en los dispositivos de oficina es una tarea que, aunque aparentemente sea sencilla, implica ciertos riesgos si no se lleva a cabo con los cuidados y procedimientos adecuados. La seguridad en estos procedimientos es fundamental no solo para proteger los equipos y los consumibles, sino también para salvaguardar la integridad física de los usuarios y del entorno de trabajo.

### 6.1. Seguridad en la manipulación de los cartuchos de tinta y tóner

Los cartuchos de tinta y los de tóner son consumibles habituales en las impresoras y en las fotocopiadoras, pero su manipulación requiere tener en cuenta ciertas precauciones debido a los componentes químicos y al riesgo de manchas.

**Evitar el contacto directo con la tinta o tóner**

La tinta de los cartuchos o el tóner contiene productos químicos que pueden ser irritantes para la piel y para los ojos. Se recomienda usar guantes desechables al manipular estos elementos y evitar el contacto directo con la piel. En caso de derrames, se deben limpiar con un paño húmedo.

## Mantener el área limpia y libre de polvo

Al instalar un cartucho o tóner, los responsables de llevar a cabo esta acción deben evitar la exposición al polvo o a la suciedad, que podría afectar el rendimiento del cartucho o la calidad de impresión. Se debe evitar la colocación de los cartuchos en superficies sucias o que puedan contener residuos que puedan transferirse al tóner o a la tinta.

## Evitar la exposición a temperaturas extremas

Los cartuchos deben almacenarse a temperatura ambiente, lejos de fuentes de calor o luz directa, ya que las temperaturas extremas pueden dañar sus componentes y afectar su funcionamiento.

## 6.2. Seguridad en la manipulación de papel y otros materiales de impresión

El papel y otros consumibles, como las etiquetas adhesivas o los sobres, pueden parecer elementos inofensivos, pero es importante tomar precauciones al manipularlos para evitar daños en el equipo o accidentes debidos a su manipulación.

## Evitar el contacto con superficies húmedas

El papel puede dañarse al entrar en contacto con los líquidos. Una humedad excesiva puede dañar tanto el papel como los mecanismos internos de las impresoras. Los papeles deben estar almacenados en un lugar seco y protegido de la humedad.

## Evitar atascos de papel

Se debe cargar la bandeja de papel con la cantidad adecuada para evitar los atascos. Al cambiar el papel, hay que asegurarse de que los bordes están alineados antes de colocarlo en su ubicación en la impresora o fotocopiadora. Si se produce un atasco, se deben seguir los procedimientos del fabricante para eliminarlo con seguridad, desconectando el dispositivo y evitando el uso de una fuerza excesiva que pueda dañar los componentes internos del equipo.

## 6.3. Seguridad al sustituir dispositivos de almacenamiento (discos duros, memorias usb, etc.)

La sustitución de los dispositivos de almacenamiento, como son los discos duros o las memorias USB, debe realizarse con precaución para evitar daños en los datos y posibles riesgos de seguridad física.

### Desconectar adecuadamente los dispositivos

Antes de retirar cualquier dispositivo de almacenamiento, hay que desconectarlo correctamente del equipo. En el caso de los dispositivos de almacenamiento externo, se deben desconectar de manera segura mediante el proceso de "expulsar" en el sistema operativo, para evitar dañar los archivos o el propio dispositivo.

### Evitar caídas o golpes

Los discos duros, sobre todo los mecánicos, son muy sensibles a los golpes o caídas. Se deben manipular con cuidado, evitando que los dispositivos estén expuestos a golpes o caídas accidentales.

### Utilizar equipos de protección estática

Los dispositivos electrónicos, como los discos duros o los componentes internos de los equipos informáticos, tienen un riesgo importante de almacenamiento de electricidad estática, por lo que se debe utilizar una pulsera antiestática y se deben colocar los componentes en una superficie antiestática para evitar daños a los circuitos internos y al personal que los manipula.

### Evitar el contacto con imanes

Dado que los discos duros magnéticos dependen de los campos magnéticos para almacenar la información, se deben mantener alejados de los imanes fuertes y de las fuentes de radiación magnética, como altavoces o motores, para evitar la pérdida o corrupción de datos.

 **Aplicación práctica**

**David es un técnico de soporte y maneja información confidencial de clientes y empleados. Recientemente, debe reemplazar varios discos duros y memorias USB en equipos antiguos. ¿Qué procedimiento debe seguir para realizar estos cambios?**

**SOLUCIÓN**

I **Realizar una copia de seguridad de la información.**

  I Debe verificar si hay información que deba conservarse.
  I Debe crear una copia de seguridad en otro medio de almacenamiento.
  I Tiene que asegurarse de que los datos se han copiado correctamente.

I **Cifrado y protección de los datos sensibles**

  I Debe evitar que se pueda acceder a los datos en caso de pérdida o robo del dispositivo.

I **Extracción segura del dispositivo**

  I Tiene que apagar el equipo antes de retirar el disco duro para evitar los posibles daños eléctricos.
  I Si son memorias USB, debe usa la opción **Expulsar de forma segura** para evitar la corrupción de los datos.
  I Debe desconectar los dispositivos con cuidado, evitando forzar las conexiones.

I **Eliminación segura de los datos en los dispositivos retirados**

  I Borrado de datos de forma irrecuperable
  I Destrucción física del dispositivo
  I Formateo seguro o triturado de las memorias USB

I **Instalación del nuevo dispositivo de almacenamiento**

  I El nuevo dispositivo debe ser compatible con el equipo.
  I Conexionado físico de las conexiones
  I Verificación de la funcionalidad antes de su uso

Continúa en página siguiente >>

<< Viene de página anterior

**I Restauración y verificación de la información**

I Restauración de la información respaldada en el nuevo dispositivo
I Comprobación de que todos los archivos son accesibles y están intactos.
I Implementación de medidas de seguridad para evitar vulnerabilidades

---

## 6.4. Uso de equipos de protección individual (EPI)

En algunos casos, manipular los consumibles implica riesgos adicionales, como el contacto con los productos químicos, piezas pequeñas o componentes que pueden generar calor. El uso de equipos de protección individual (EPI) es recomendable para asegurar la seguridad de las operaciones que se deben llevar a cabo durante la sustitución de los consumibles.

**Guantes de protección**

Se pueden usar guantes desechables para evitar el contacto directo con tintas, tóneres o componentes electrónicos, lo que ayudará a prevenir las posibles irritaciones en la piel y evitará la transferencia de la grasa o suciedad a los consumibles.

**Protección ocular**

Es recomendable utilizarla en aquellas situaciones en las que pueda existir un riesgo de derrames o exposición a partículas pequeñas (como al cambiar cartuchos de tóner).

**Ropa adecuada**

Se debe usar ropa que proteja la piel de posibles manchas o salpicaduras cuando se manipulen productos como tintas o tóneres.

*La limpieza de los restos de tóner garantiza una correcta impresión.*

### 6.5. Seguridad en el manejo de sobres y etiquetas adhesivas

Aunque los sobres y las etiquetas adhesivas presentan un menor riesgo físico, es importante manejar estos consumibles con cuidado.

**Evitar el contacto con superficies sucias**

Las etiquetas adhesivas y los sobres pueden quedar en mal estado al entrar en contacto con el polvo o con la suciedad, por lo que se deben almacenar en lugares limpios y secos.

**Uso adecuado de las etiquetas**

Al utilizar las etiquetas adhesivas, se debe tener cuidado de pegarlas en su correcta ubicación, puesto que, si se colocan en lugares incorrectos o sobre otras superficies, estas pueden dañarse.

## 7. Seguridad ambiental en la sustitución de consumibles informáticos

La tecnología informática es fundamental para la vida cotidiana, tanto a nivel personal como profesional. Los dispositivos electrónicos y sus periféricos dependen de los consumibles informáticos para su funcionamiento. Sin embargo, aunque los consumibles son esenciales para el funcionamiento de los equipos electrónicos, su manejo y gestión inadecuada pueden tener un impacto ambiental considerable. Los consumibles informáticos, al estar compuestos por materiales como plomo, cadmio, mercurio y otros productos químicos, pueden liberar sustancias tóxicas al medioambiente si no se gestionan correctamente, afectando a la salud humana y a los ecosistemas. La seguridad ambiental trata de mitigar estos efectos negativos a través de la implantación de prácticas responsables y sostenibles.

### Reciclaje y disposición adecuada

Los consumibles, como cartuchos de tinta y tóner, deben reciclarse correctamente para evitar que las sustancias peligrosas contaminen el suelo y el agua. Existen centros de reciclaje especializados que aseguran un tratamiento seguro, evitando la acumulación de residuos electrónicos en los vertederos.

### Reutilización

Es una opción efectiva de cartuchos de tinta y tóner, que pueden ser recargados, extendiendo su vida útil y reduciendo la fabricación de nuevos productos. Esto disminuye el impacto ambiental asociado a la producción de consumibles y reduce la cantidad de residuos generados.

### Reducción del uso de productos desechables

Fomentar las buenas prácticas que reduzcan el uso de consumibles desechables es crucial para reducir la cantidad de residuos. La impresión a doble cara o la digitalización de los documentos son estrategias que pueden disminuir considerablemente la demanda de cartuchos de tinta y papel.

### Cumplimiento de normativas ambientales

En España, el manejo de los consumibles informáticos y la gestión de residuos electrónicos están regulados por varias normativas y leyes que buscan minimizar su impacto ambiental. La normativa más relevante es el Real Decreto 110/2015, de 20 de febrero, sobre la gestión de los Residuos de Aparatos Eléctricos y Electrónicos (RAEE), que promueve la creación de sistemas de recogida selectiva para facilitar el reciclaje de los consumibles como cartuchos de tinta, tóner y baterías.

### Concienciación y educación

La sensibilización se vuelve un aspecto esencial para reducir la emisión de residuos y el reciclaje adecuado, fomentando prácticas sostenibles en el uso de la tecnología.

### Alternativas ecológicas

La utilización de consumibles ecológicos, como los cartuchos de tinta reciclada o los materiales menos contaminantes en su fabricación, es una opción cada vez más popular para reducir el impacto ambiental de los productos electrónicos.

 Actividades

8. Investigue acerca de las normativas medioambientales que se aplican en España.

## 8. Resumen

Los elementos consumibles son los componentes y materiales utilizados de manera recurrente en los equipos microinformáticos y que requieren de un reemplazo frecuente para asegurar el correcto funcionamiento de estos dispositivos. Sin estos elementos, como los cartuchos de tinta, tóneres o baterías, los equipos no podrían operar correctamente, lo que podría afectar a su rendimiento y a su productividad. Estos consumibles tienen una vida útil limitada, lo que los convierte en productos de consumo recurrente.

Los consumibles se pueden clasificar en tres categorías principales:

1. **Material de almacenamiento:** productos de almacenamiento que permiten guardar y transferir datos.
2. **Material de impresión:** consumibles utilizados en los equipos de impresión.
3. **Material de suministro:** baterías y fuentes de alimentación que suministran la energía necesaria a los sistemas microinformáticos para que tengan un funcionamiento permanente.

El uso adecuado de los consumibles es crucial para garantizar el óptimo rendimiento de los equipos informáticos. Un manejo correcto no solo mejora la calidad de la impresión, el almacenamiento y el suministro de energía, sino que prolonga la vida útil de los equipos, reduce los costes de reparación y optimiza la eficiencia.

El material fungible de impresión es vital para los sistemas de impresión, e incluye elementos como los cartuchos de tinta, el tóner, el papel, las etiquetas y otros productos necesarios para la impresión de documentos. Los consumibles deben seleccionarse de acuerdo con la calidad de impresión deseada y la sostenibilidad ambiental.

Los cartuchos de tóner son utilizados en impresoras láser y funcionan mediante un proceso electrostático y térmico; pueden ser originales, compatibles o remanufacturados.

Un mantenimiento adecuado de los consumibles ayuda a prolongar su vida útil y a mejorar el rendimiento del equipo.

La seguridad en la manipulación de los consumibles es esencial para evitar riesgos para la salud y el medioambiente.

La gestión sostenible de los consumibles es fundamental para reducir el impacto ambiental asociado con los residuos electrónicos, por lo que se recomienda seguir algunas prácticas como el reciclaje de los consumibles, la reutilización de los cartuchos o la reducción del uso de productos desechables.

Un manejo y gestión adecuados de los consumibles informáticos no solo optimiza el rendimiento de los equipos, sino que también promueve la sostenibilidad ambiental, reduciendo el impacto de los residuos electrónicos.

Ejercicios de repaso y autoevaluación

1. **Indique si las siguientes afirmaciones son verdaderas o falsas:**

   a. Los consumibles son los componentes y materiales que se utilizan de forma recurrente.

   ☐ Verdadero
   ☐ Falso

   b. El uso de los consumibles reduce el rendimiento y la vida del equipo.

   ☐ Verdadero
   ☐ Falso

   c. El entorno en el que se ubiquen los equipos no les influye a la hora de trabajar.

   ☐ Verdadero
   ☐ Falso

2. **Cumplimente los espacios faltantes en la siguiente afirmación:**

   En los entornos _____, empresariales o _____, el uso de material _____ es un aspecto _____ para garantizar la _____, la _____ y la _____ de los _____ de _____.

3. **Clasifique el material fungible atendiendo a la finalidad a la que se destina.**

   _____
   _____
   _____
   _____
   _____
   _____
   _____

**4. Los cartuchos fabricados por terceros diseñados para funcionar en las impresoras son...**

    a. ... los compatibles.
    b. ... los originales.
    c. ... los recargables.
    d. ... los remanufacturados.

**5. ¿Qué caracteriza a los cartuchos recargables desde el punto de vista de la sostenibilidad?**

    a. No son compatibles con las impresoras láser.
    b. Reducen el desperdicio de plástico.
    c. Son más costosos que los originales.
    d. Tienen menor durabilidad.

**6. ¿Qué es un formulario en papel?**

    a. Un documento estructurado para la introducción de datos
    b. Un material que no se puede doblar ni enrollar
    c. Un papel especial para imprimir fotos
    d. Un recurso específico para la impresión de etiquetas adhesivas

**7. Cumplimente los espacios faltantes en la siguiente afirmación.**

En los entornos _____, empresariales o _____, el uso de material _____ es un aspecto _____ para garantizar la _____, la _____ y la _____ de los _____ de _____.

**8. ¿Qué acción puede dañar el cartucho de tóner?**

    a. Almacenarlo en un lugar húmedo.
    b. Exponerlo a la luz solar por largos periodos.
    c. Manipular los contactos metálicos del cartucho.
    d. No agitarlo suavemente después de usarlo.

**9.** **¿Qué acción prolonga la vida útil de los consumibles y mejora el rendimiento de las impresoras?**

    a. No tocar los inyectores del cartucho.
    b. Reutilizar los cartuchos usados.
    c. Sustituir los consumibles según el manual del fabricante.
    d. Usarlas con regularidad.

**10.** **¿Qué procedimiento debe seguirse al sustituir un dispositivo de almacenamiento externo como una memoria USB?**

    a. Desconectarlo y luego reconectarlo sin hacer nada más.
    b. Realizar una copia de seguridad de los datos, instalar el nuevo dispositivo y verificar su funcionamiento.
    c. Sustituirlo sin necesidad de copia de seguridad.
    d. Verificar el estado del dispositivo, desconectarlo y reemplazarlo con uno nuevo sin copiar los datos.

# Capítulo 5

# Métodos de replicación física de particiones y discos duros

# Contenido

1. Introducción
2. Programas de copia de seguridad
3. Clonación
4. Funcionalidad y objetivos del proceso de replicación
5. Seguridad y prevención en el proceso de replicación
6. Particiones de discos
7. Herramientas de creación e implantación de imágenes y réplicas de sistemas
8. Resumen

# 1. Introducción

En la actualidad, la integridad y la disponibilidad de los datos son elementos esenciales para el funcionamiento de las empresas. Con la creciente dependencia de los sistemas informáticos para el almacenamiento y procesado de información, se debe garantizar la seguridad y la continuidad operativa de los datos. Los métodos de replicación física de particiones y discos duros son técnicas clave dentro de las estrategias de recuperación ante los desastres, que permiten la creación de copias exactas y en tiempo real de los datos almacenados en el sistema.

La replicación física implica la duplicación de todos o parte de los datos almacenados en un disco duro o partición a otro dispositivo, habitualmente de forma síncrona o asíncrona. A través de estos métodos, las empresas pueden asegurar que, en caso de fallos, sus datos permanezcan accesibles y protegidos.

Los métodos de replicación física no se centran únicamente en la creación de copias de seguridad, sino también en asegurar que las operaciones no presentan interrupciones, incluso si ocurre un fallo en el sistema original.

# 2. Programas de copia de seguridad

En los entornos empresariales, la información y la protección de los datos se han convertido en los activos más valiosos, por lo que se debe asegurar la continuidad operativa y la mitigación de los riesgos. Los programas de copia de seguridad juegan un papel importante en este proceso, ya que permiten la duplicación y el almacenamiento seguro de los datos, garantizando que, en caso de pérdida o desastre, se puedan recuperar rápidamente sin que la información se vea gravemente afectada.

La copia de seguridad es el proceso mediante el cual se realizan duplicados de los datos almacenados en un sistema o servidor y se guardan en una ubicación diferente, con el fin de poder restaurarlos en caso de pérdida de datos debido a fallos de *hardware,* ataques cibernéticos, errores humanos o desastres naturales. Los programas de copia de seguridad no solo proporcionan una capa adicional de protección ante imprevistos, sino que también permiten cumplir con las normativas y requisitos de seguridad que exigen la protección y conservación de los datos a lo largo del tiempo.

Las copias de seguridad protegen los datos en equipos y dispositivos.

## 2.1. Tipos de copia de seguridad

Existen varios tipos de copias de seguridad, cada uno con características específicas, ventajas y limitaciones. Los principales tipos son:

- **Copia de seguridad completa *(full backup)*:** implica la duplicación de todos los datos del sistema o de una parte seleccionada. Esta copia garantiza que, en caso de restauración, todos los archivos están disponibles sin necesidad de hacer referencia a copias anteriores. Es la opción más segura, y la que más tiempo y espacio de almacenamiento requiere.
- **Copia de seguridad incremental:** solo se guardan los datos que han cambiado desde la última copia, ya sea completa o incremental. Su ventaja principal es que requiere menos espacio de almacenamiento y menos tiempo para completarse. Sin embargo, para la restauración, es necesaria la última copia completa y todas las copias incrementales posteriores, lo que hace que el proceso de recuperación sea más complejo.
- **Copia de seguridad diferencial:** similar a la copia incremental, la copia diferencial solo almacena los datos que han cambiado desde la última copia completa. Sin embargo, a diferencia de la incremental, en una copia diferencial se realiza una nueva copia de todos los datos modificados

desde la última copia completa. Esto significa que la restauración será más rápida, ya que solo se requiere la última copia completa y la última copia diferencial.

■ **Copia de seguridad espejo** *(mirror backup):* los datos se duplican idénticamente al sistema original y en tiempo real. Las copias reflejan el estado exacto del sistema, lo que es útil para mantener una disponibilidad inmediata de los datos. Sin embargo, este enfoque no protege contra la eliminación accidental de archivos o fallos, ya que cualquier cambio realizado en los datos también se refleja en la copia de seguridad.

## 2.2. Métodos de almacenamiento para copias de seguridad

El almacenamiento de las copias de seguridad es un componente esencial dentro de la estrategia de protección de datos. Los métodos más comunes de almacenamiento son:

■ **Copia de seguridad en disco** *(disk backup):* la copia se almacena en discos duros, lo que permite una recuperación rápida y un acceso instantáneo a los datos.

■ **Copia de seguridad en la nube** *(cloud backup):* copia con una gran flexibilidad, escalabilidad y accesibilidad remota. Estas soluciones permiten almacenar grandes volúmenes de datos sin necesidad de infraestructuras físicas propias. Se debe evaluar la seguridad y los costes asociados a los servicios en la nube.

■ **Copia de seguridad híbrida** *(hybrid backup):* combina las ventajas de las soluciones de almacenamiento en disco y en la nube.

## 2.3. Factores a tener en cuenta al implantar un programa de copia de seguridad

La implementación de un programa de copia de seguridad implica tener en cuenta los siguientes factores, que influyen en la eficiencia, la seguridad y la recuperación de los datos:

- **Frecuencia de las copias:** determinar la frecuencia con la que se realizarán las copias de seguridad (diarias, semanales, etc.) equilibrando el coste, el tiempo de almacenamiento y la protección de los datos.
- **Espacio de almacenamiento:** se debe contar con suficiente capacidad de almacenamiento para almacenar las copias de seguridad de manera continua.
- **Seguridad y cifrado:** los datos de las copias de seguridad deben estar protegidos con cifrado para garantizar que, en caso de un acceso no autorizado, los datos sigan siendo inaccesibles.
- **Automatización y gestión:** utilizar programas de copia de seguridad automatizados puede mejorar la eficiencia del proceso y reducir el riesgo de errores humanos.
- **Pruebas de recuperación:** es necesario realizar pruebas periódicas de restauración para asegurar que los datos pueden recuperarse de manera efectiva en caso de ser necesario.

 Aplicación práctica

**Un compañero de trabajo acaba de indicarle que ha perdido los datos de su equipo porque no realizaba copias de seguridad, motivo por el cual le solicita que le indique los pasos que deben seguirse para realizar y configurar las copias de seguridad usando** *Cobian Backup.*

### SOLUCIÓN

1. Descargar *Cobian Backup* desde su página web.
2. Instalar *Cobian Backup* ejecutando el archivo descargado y siguiendo las instrucciones del asistente de instalación.
3. Ejecutar la aplicación.
4. Crear una nueva tarea.
   En la ventana principal de *Cobian Backup,* se debe clicar sobre el botón **Nueva tarea** y darle un nombre.
5. Seleccionar los archivos y carpetas de la copia de seguridad. Clicar sobre la pestaña **Archivos** y pulsar sobre el botón **Añadir (Add)** para seleccionar las carpetas o archivos que se desea respaldar.
6. Elegir la ubicación de destino. Clicar en la pestaña **Destino** y seleccionar la ubicación donde se desea guardar la copia de seguridad.

Continúa en página siguiente >>

<< Viene de página anterior

7. Seleccionar el tipo de copia de seguridad. Dentro de la pestaña **Opciones,** se debe seleccionar el tipo de copia de seguridad que se desea realizar.
8. Programar la copia de seguridad. En la pestaña **Programar** se puede definir cuándo debe ejecutarse la copia de seguridad (diaria, semanal, mensual, etc.).
9. Opciones adicionales:
Cifrado de la copia de seguridad
Compresión de archivos
Notificaciones
Iniciar la copia de seguridad. Una vez configurada la copia de seguridad, se debe clicar sobre el botón Aceptar para guardar la tarea.

---

## Actividades

1. Defina 10 motivos por los que debería usar las copias de seguridad en sus dispositivos.
2. Realice un listado con los beneficios que presentan los programas de copia de seguridad.
3. Instale en su equipo el programa de copias de seguridad *Cobian Backup.*
4. Realice una copia de seguridad utilizando *Cobian Backup.*

---

## 3. Clonación

La clonación de discos es un proceso técnico que implica la creación de una **réplica exacta** de un disco duro o partición de un sistema. A diferencia de las copias de seguridad, que almacenan datos de manera selectiva, la clonación crea una copia *bit* a *bit* del contenido completo del disco, incluyendo el sistema operativo, las aplicaciones, los archivos y la estructura del disco. Esto resulta ser extremadamente útil cuando se desea migrar datos a un nuevo disco, hacer una copia de seguridad completa o restaurar un sistema a su estado original tras un fallo de *hardware.*

La clonación de discos se utiliza por varias razones clave:

- **Migración de datos a un nuevo dispositivo:** cuando se actualiza un disco duro a otro de mayor capacidad o a un SSD (unidad de estado sólido), la clonación permite transferir todo el contenido sin tener que reinstalar el sistema operativo ni las aplicaciones, lo que ahorra tiempo y esfuerzo.
- **Creación de copias de seguridad completas:** aunque las copias de seguridad tradicionales son útiles, algunas personas prefieren clonar todo el disco, incluidos los sistemas operativos y sus configuraciones, para tener una copia exacta que permita una recuperación más rápida en caso de desastre.
- **Restauración rápida del sistema:** la clonación es útil cuando se necesita restaurar un sistema rápidamente sin perder la configuración actual. Si un disco duro falla o el sistema se corrompe, el disco clonado puede ser utilizado para poner en funcionamiento el sistema en muy poco tiempo.
- **Duplicación de entornos:** la clonación de discos es útil cuando se deben configurar varios equipos con el mismo sistema operativo y aplicaciones preinstaladas, lo que facilita la implementación del mismo entorno para todos los usuarios.

Clonar un disco duro es un proceso útil cuando se desea migrar el sistema operativo, los programas y los archivos a una nueva unidad sin tener que reinstalar todo desde cero. Esta operación resulta especialmente práctica al cambiar a un disco de mayor capacidad o a una unidad de estado sólido (SSD) para mejorar el rendimiento del equipo. A continuación, se presentan los pasos necesarios para realizar una clonación de disco de forma correcta y segura, asegurando la integridad de los datos y la funcionalidad del sistema clonado:

1. **Conectar el disco de destino al sistema.**
   Hay que asegurarse de que el disco de origen no presente errores. Se recomienda realizar una comprobación del disco para asegurar su integridad.
2. **Instalar el *software* de clonación.**
   Descargar e instalar el programa desde su página web.
   Se debe ejecutar el programa y seleccionar el disco de origen (el que se quiere clonar) en la interfaz principal.

3. **Seleccionar la opción de clonación.**

Se debe pulsar sobre el botón que inicie la clonación, habitualmente identificado como **Clonar disco.**

Luego, hay que seleccionar el disco de destino en el que se copiarán los datos.

4. **Configurar la clonación.**

Hay que asegurarse de que el disco de destino tiene suficiente espacio para almacenar todos los datos del disco de origen.

Es importante revisar las particiones para asegurarse de que se copian.

5. **Iniciar la clonación.**

Se debe clicar sobre la opción correspondiente para que el proceso de clonación comience.

6. **Verificar la clonación.**

Una vez finalizado el proceso, se debe verificar el disco clonado.

 Aplicación práctica

**En su empresa han recibido los nuevos equipos informáticos. Como debe configurarlos todos de la misma manera, ha decidido clonar un disco en todos los equipos para lograr que estén disponibles más rápidamente. ¿Qué pasos debería seguir para realizar el trabajo usando la herramienta *Macrium Reflect?***

**SOLUCIÓN**

1. **Conectar el disco de destino al sistema.**
   Hay que asegurarse de que el disco de origen no presente errores. Se recomienda realizar una comprobación del disco para asegurar su integridad.
2. **Instalar el *software* de clonación.**
   Descargar e instalar el programa *Macrium Reflect* desde su página web.
   Se debe ejecutar el programa y seleccionar el disco de origen (el que se quiere clonar) en la interfaz principal.
3. **Seleccionar la opción de clonación.**
   Se debe pulsar sobre **Clonar este disco.**
   Luego, hay que seleccionar el disco de destino en el que se copiarán los datos.

Continúa en página siguiente >>

<< Viene de página anterior

**4. Configurar la clonación.**
Hay que asegurarse de que el disco de destino tiene suficiente espacio para almacenar todos los datos del disco de origen.
Es importante revisar las particiones para asegurarse de que se copian.

**5. Iniciar la clonación.**
Se debe clicar sobre la opción **Siguiente** y, luego, en **Finalizar** para que el proceso de clonación comience.

**6. Verificar la clonación.**
Una vez finalizado el proceso, hay que verificar el disco clonado.

# 4. Funcionalidad y objetivos del proceso de replicación

La replicación consiste en el proceso de crear copias exactas de datos o sistemas, con el objetivo de garantizar la disponibilidad, redundancia y fiabilidad de los mismos. En el contexto de la tecnología de la información, especialmente en las bases de datos, discos duros, servidores y redes, la replicación se refiere a la creación y mantenimiento de réplicas de datos en distintos lugares o dispositivos.

En los sistemas distribuidos y de almacenamiento, la replicación de los datos es fundamental para asegurar que estos funcionan de manera continua, incluso en situaciones de fallos o sobrecarga. Esta práctica mejora la eficiencia operativa y fortalece la capacidad de recuperación ante los desastres.

El proceso de replicación tiene las siguientes funcionalidades:

- **Duplicación de datos o sistemas:** la replicación crea copias exactas de los datos de un servidor o sistema en otros servidores o dispositivos de almacenamiento. Estas réplicas pueden ser completas o parciales según las necesidades del entorno.
- **Consistencia y sincronización:** los sistemas de replicación se encargan de garantizar que las copias de los datos son consistentes y están sincronizadas, lo que significa que cualquier cambio realizado en una copia

de los datos debe reflejarse en todas de manera coherente y sin pérdida de integridad.

- **Alta disponibilidad:** el objetivo principal de la replicación es mejorar la disponibilidad del sistema. Al tener múltiples copias de los datos en diferentes ubicaciones, el sistema sigue funcionando correctamente incluso si una de las réplicas o servidores falla, lo que garantiza que los servicios estén siempre accesibles.

- **Escalabilidad:** la replicación permite distribuir la carga de trabajo entre varios servidores, lo que ayuda a escalar la infraestructura y manejar más solicitudes o transacciones. Las réplicas pueden distribuirse geográficamente para mejorar el rendimiento y reducir la latencia.

- **Tolerancia a fallos:** si un sistema o disco principal falla, los datos pueden ser recuperados de una réplica, minimizando la pérdida de datos y reduciendo el tiempo de inactividad.

- **Mejora del rendimiento:** en los sistemas con alta demanda, la replicación ayuda a balancear la carga. Al distribuir las solicitudes de acceso a las réplicas, el sistema puede mejorar significativamente su rendimiento general, evitando que un solo servidor se sobrecargue.

 Actividades

5. Realice un documento con el procedimiento que se debe seguir para realizar una copia de seguridad utilizando *Microsoft Windows.*

## 5. Seguridad y prevención en el proceso de replicación

La replicación de los datos es un proceso para asegurar la alta disponibilidad, la recuperación ante desastres y el rendimiento óptimo de los sistemas. Sin embargo, al replicar los datos a través de diferentes servidores, redes y ubicaciones geográficas, se abren nuevas superficies de ataque y vulnerabilidades que deben gestionarse adecuadamente. Para que la replicación sea efectiva, se debe garantizar que los datos replicados estén protegidos contra accesos no autorizados, corrupción, pérdida y otros riesgos.

Entre las medidas de seguridad y las estrategias de prevención que deben implementarse en el proceso de replicación para garantizar la confidencialidad, integridad y disponibilidad de los datos se encuentran:

- **Cifrado de datos:** es una de las medidas más efectivas para proteger los datos durante su replicación, tanto cuando los datos se están moviendo entre los servidores o dispositivos como cuando los datos están almacenados en las réplicas.
- **Autenticación y control de acceso:** son fundamentales para garantizar que solo los usuarios o sistemas autorizados tienen la capacidad de replicar, modificar o acceder a los datos.
- **Integridad de los datos:** es un factor esencial en el proceso de replicación, ya que las copias de datos deben ser exactas y no estar sujetas a alteraciones o corrupción.
- **Auditoría y monitorización continua:** para detectar actividades sospechosas o anómalas durante el proceso de replicación. La vigilancia activa de las actividades de replicación garantiza que se pueda reaccionar rápidamente ante posibles brechas de seguridad o problemas operacionales.
- **Resiliencia ante ataques y desastres:** para resistir ataques maliciosos o desastres que puedan comprometer la disponibilidad y la integridad de los datos.
- **Gestión de versiones de datos y conflictos de replicación:** debido a que múltiples nodos o ubicaciones están replicando datos, pueden surgir conflictos de replicación cuando los datos cambian en diferentes lugares simultáneamente, lo que puede llevar a inconsistencias entre las réplicas.

## 6. Particiones de discos

Las particiones de los discos son una técnica utilizada para dividir un disco duro en varias secciones lógicas o virtuales, conocidas como particiones. Cada partición funciona como una unidad independiente y se puede formatear con un sistema de archivos diferente, asignando diferentes roles a cada partición en un sistema. Las particiones permiten organizar los datos de manera más eficiente, gestionar el espacio de almacenamiento y mejorar la seguridad y el rendimiento del sistema.

Habitualmente, el proceso de particionado se lleva a cabo durante la instalación del sistema operativo o mediante herramientas especializadas, por lo que la correcta configuración de las particiones es fundamental para un correcto funcionamiento del disco.

## 6.1. Tipos de particiones

Existen distintos tipos de particiones, cada una sus características específicas. A continuación, se describirán las más habituales.

### Partición primaria

La partición primaria es la partición principal de un disco duro. Un disco puede tener hasta **cuatro particiones primarias** en su tabla de particiones. En estas particiones primarias se instalan los sistemas operativos o se almacenan los datos directamente. Sus características son:

- Un disco solo puede tener como máximo cuatro particiones primarias.
- Cada partición primaria puede contener un sistema operativo distinto o puede utilizarse directamente para el almacenamiento de información o datos.
- Una partición primaria puede convertirse en una partición activa, lo que indicará que el sistema operativo de esa partición será el que se cargará al arrancar el equipo.

### *Partición extendida*

Esta partición es un tipo especial que actúa como contenedor para crear particiones adicionales dentro de ella, más allá de las cuatro particiones primarias permitidas. Un disco puede tener únicamente una partición extendida, pero dentro de ella se pueden crear diversas particiones lógicas. Sus características son:

- No se utiliza directamente para almacenar datos o instalar sistemas operativos.
- Permite crear más de cuatro particiones en total, lo que es útil en los discos de gran tamaño que requieren más de cuatro particiones.

### Partición lógica

Una partición lógica es una subdivisión dentro de una partición extendida. A diferencia de las particiones primarias, las particiones lógicas no tienen restricciones de número, lo que permite crear tantas como sean necesarias dentro de la partición extendida. Sus características son las siguientes:

- Las particiones lógicas son útiles cuando se requieren más de cuatro particiones en un disco.
- Pueden ser utilizadas para almacenar datos o instalar sistemas operativos en algunos casos.
- No pueden ser activas, ya que no se utilizan para iniciar el sistema operativo.

### Partición de arranque (boot partition)

La partición de arranque es la partición que contiene los archivos necesarios para iniciar el sistema operativo. Generalmente, es una partición primaria y debe estar bien configurada para asegurar que el sistema arranque correctamente desde el disco. Sus características son las siguientes:

- Contiene los archivos de inicio del sistema operativo.
- Es fundamental en la estructura de arranque de los sistemas operativos, especialmente en los sistemas con distintos sistemas operativos.

### Partición de recuperación (recovery partition)

Una partición de recuperación es una partición especial creada por el fabricante del dispositivo o sistema operativo para permitir la restauración del sistema en caso de fallos graves. Suele contener una imagen del sistema operativo y distintas herramientas de recuperación. Las características de este tipo de partición son:

▪ Se utiliza para restaurar el sistema operativo a su estado original en caso de fallos.
▪ Se configura generalmente en una partición oculta, que no es visible para el usuario.

### Partición UEFI (extensible firmware interface)

En los equipos que usan el UEFI *(unified extensible firmware interface)* en lugar del BIOS tradicional, se crea una partición especial conocida como EFI *system partition* (ESP). Esta partición es necesaria para almacenar archivos de arranque, controladores y otros archivos relacionados con el sistema operativo. Las características de este tipo de partición son:

▪ Es una partición especial que utilizan los sistemas UEFI.
▪ Contiene el cargador de arranque y otros archivos relacionados con el sistema de arranque.

## 6.2. Herramientas de gestión

Existen herramientas, incorporadas en los sistemas operativos como aplicaciones de terceros, que permiten crear, modificar, eliminar y gestionar las particiones de los discos. A continuación, se analizan algunas de las más utilizadas.

### Administración de discos *(Windows)*

La herramienta de administración de discos de *Windows* es una utilidad integrada en el sistema operativo que permite gestionar las particiones de los discos de manera gráfica.

### Características:

▪ Permite crear, eliminar, redimensionar y formatear las particiones.
▪ Muestra todas las particiones y el espacio disponible en el disco.

■ Permite convertir particiones a un formato diferente (por ejemplo, de MBR a GPT).

Esta herramienta facilita el proceso de creación, eliminación, redimensionado y formato de las particiones de manera intuitiva. A continuación, se describen los pasos necesarios para crear y verificar una nueva partición utilizando esta utilidad del sistema operativo.

1. Abrir el administrador de discos desde **Inicio → Administración de discos.**
2. **Crear una nueva partición.**

   ▮ Sobre un espacio sin asignar, se debe clicar sobre él y seleccionar **Nuevo volumen simple.**
   ▮ Se abrirá el asistente de creación de particiones, en el que se deberá clicar sobre la opción **Siguiente**.
   ▮ Se especificará el tamaño de la nueva partición y se presionará sobre la opción **Siguiente.**
   ▮ Se asignará una letra a la unidad y se pulsará la opción **Siguiente.**
   ▮ Se elegirá el sistema de archivos NTFS dejando el tamaño del clúster por defecto.
   ▮ Se seleccionará la opción **Formato rápido** y se presionará sobre la opción **Siguiente** y, posteriormente, sobre **Finalizar.**

3. **Verificación de la partición creada.**

   ▮ La nueva partición aparecerá en **Este equipo** junto con el resto de las unidades de almacenamiento.

## Utilidad de discos *(macOS)*

La utilidad de discos en *macOS* es una herramienta incorporada en el sistema operativo que permite a los usuarios gestionar las particiones del disco en los dispositivos *Apple*.

**Características:**

- Permite crear, eliminar, redimensionar y formatear particiones.
- Ayuda a verificar la integridad de los discos y a repararlos en caso de que presenten errores.
- Facilita la conversión de las particiones entre distintos tipos de sistemas de archivos (por ejemplo, HFS+ a APFS).

*Herramienta de utilidad de discos de macOS*

## GParted (Linux)

*GParted (GNOME Partition Editor)* es una de herramienta muy popular para la gestión de las particiones en los sistemas operativos *Linux.* Es una herramienta de código abierto que incorpora distintas herramientas para realizar modificaciones sobre las particiones.

**Características:**

- Permite crear, eliminar, redimensionar, mover y copiar particiones.
- Soporta una amplia variedad de sistemas de archivos, incluidos NTFS, FAT, ext2, ext3, ext4 y más.
- Se ejecuta desde una interfaz gráfica, pero también se puede usar en modo texto.

### EaseUS Partition Master (Windows y macOS)

*EaseUS Partition Master* es una herramienta de gestión de particiones que está disponible para sistemas operativos *Windows* y *macOS*. Es especialmente conocida por su facilidad de uso y por ofrecer funcionalidades avanzadas en su versión de pago.

#### Características:

- Permite crear, eliminar, redimensionar, dividir, fusionar y migrar particiones.
- Es compatible con discos MBR y GPT, además de permitir su conversión.
- Incluye funciones para clonar discos y migrar sistemas operativos.

### AOMEI Partition Assistant (Windows)

Herramienta muy utilizada para la gestión de particiones en *Windows*. Es fácil de usar y ofrece funciones avanzadas en su versión de pago.

#### Características:

- Ofrece una amplia gama de opciones para particionar discos, como redimensionar, fusionar, mover y dividir particiones.
- Soporta discos MBR y GPT y permite realizar copias de seguridad de las particiones.

### DiskPart (Windows - línea de comandos)

*DiskPart* es una herramienta de línea de comandos en *Windows* que permite gestionar particiones de discos de manera avanzada.

#### Características:

- Ofrece un control total sobre la creación, eliminación y redimensionado de las particiones.
- Es útil en situaciones de recuperación del sistema o cuando no se tiene acceso a la interfaz gráfica de usuario.

### *Parted (Linux)*

Herramienta de línea de comandos disponible en los sistemas *Linux* que se utiliza para crear, redimensionar, mover y verificar particiones.

**Características:**

- Soporta una amplia variedad de sistemas de archivos, incluidos FAT32, NTFS y ext4.
- Es una herramienta potente para usuarios avanzados que quieren tener el control total sobre las particiones.

 Actividades

6. Realice una tabla comparativa de las herramientas enumeradas anteriormente.

 Aplicación práctica

**Quiere crear una partición en su equipo que utiliza *Microsoft Windows* en la que almacenar su información personal de forma que esta esté a salvo de los posibles errores del sistema. ¿Qué proceso debería seguir?**

**SOLUCIÓN**

1. Abrir el administrador de discos desde **Inicio → Administración de discos**.
2. Crear una nueva partición.
   Sobre un espacio sin asignar, se debe clicar sobre él y seleccionar **Nuevo volumen simple**. Se abrirá el asistente de creación de particiones, en el que se deberá clicar sobre la opción **Siguiente**.
   Se especificará el tamaño de la nueva partición y se presionará sobre la opción **Siguiente**. Se asignará una letra a la unidad y se pulsará la opción **Siguiente**.

Continúa en página siguiente >>

<< Viene de página anterior

Se elegirá el sistema de archivos NTFS dejando el tamaño del clúster por defecto. Se seleccionará la opción **Formato rápido** y se presionará sobre la opción **Siguiente**. Posteriormente, hay que clicar sobre **Finalizar**.

3. Verificación de la partición creada.

La nueva partición aparecerá en **Este equipo** junto con el resto de las unidades de almacenamiento.

---

# 7. Herramientas de creación e implantación de imágenes y réplicas de sistemas

La creación de las copias de datos es un proceso crucial en la gestión de la información, que tiene como objetivo asegurar la disponibilidad y la seguridad de los datos frente a posibles pérdidas o fallos del sistema. Para llevar a cabo este proceso de manera efectiva, se debe tener acceso a las fuentes originales de la información, ya que estas determinan la calidad y la integridad de las copias que se generarán. Las fuentes originales son los repositorios, bases de datos, aplicaciones o sistemas en los que se encuentra la información primaria que se desea respaldar, siendo su correcta identificación y acceso elementos fundamentales para garantizar que las copias son precisas y completas.

El concepto de fuentes originales hace referencia a cualquier origen de datos del que se obtenga la información, como, por ejemplo, las bases de datos, los archivos de los sistemas, las aplicaciones empresariales, o incluso las fuentes dinámicas como plataformas en la nube. La calidad y la naturaleza de estos datos en su origen son determinantes para el éxito de la copia de seguridad y la recuperación de los datos en situaciones de desastre o pérdida de información. Por tanto, comprender de dónde proviene la información, cómo se almacena y qué herramientas se utilizan para crear las copias es vital para diseñar estrategias efectivas de respaldo y recuperación.

## 7.1. Orígenes de información

En este contexto, las fuentes originales juegan un papel crucial en la automatización y optimización del proceso de creación de las copias de datos, permitiendo que se establezcan procedimientos de copia frecuentes y eficaces sin comprometer la calidad de los datos respaldados. Entre las fuentes originales de información se encuentran:

- **Discos duros locales:** el origen más habitual en el que se encuentra la información es el disco duro de un equipo. Una imagen completa del mismo incluye todos los archivos, configuraciones y sistemas operativos almacenados en él.
- **Particiones de disco:** en muchos casos, la imagen no es del disco al completo, sino de algunas particiones específicas del mismo. Esto es útil cuando se desea replicar solo ciertas áreas del sistema o cuando el sistema está dividido en múltiples particiones para facilitar su gestión.
- **Almacenamiento en red (NAS):** cuando los sistemas están configurados en una red, es posible que las imágenes se almacenen en una unidad de almacenamiento en red (NAS). Esto permite a las empresas tener acceso a las imágenes desde múltiples dispositivos y ubicaciones.
- **Dispositivos virtuales:** en entornos de virtualización, las imágenes de los sistemas se pueden extraer de máquinas virtuales. Este tipo de imagen puede ser copiada y transferida fácilmente a otros servidores virtuales o físicos.
- **Redes de distribución de contenidos (CDN):** algunas organizaciones pueden optar por almacenar imágenes de sus sistemas en servidores de distribución de contenido para acceder a ellas rápidamente a través de internet, reduciendo el tiempo de recuperación.

La creación de copias de datos es una práctica esencial para garantizar la seguridad y la integridad de la información en cualquier organización. Sin embargo, no se trata únicamente de generar copias, sino de hacerlo de forma estratégica y eficaz, teniendo en cuenta una serie de consideraciones clave. Estas consideraciones son fundamentales para asegurar que las copias de datos sean útiles, estén actualizadas y puedan ser recuperadas de manera efectiva en caso de pérdida o corrupción de los datos originales.

Una de las primeras consideraciones es la **frecuencia** de las copias. Dependiendo de la criticidad de los datos y los cambios que se produzcan en el sistema, se debe establecer un plan que determine la regularidad con la que se deben realizar las copias de seguridad. Además, es importante definir el **tipo de copia** que se realizará, ya sea **completa, incremental o diferencial,** según el contexto y la importancia de la información.

Otro aspecto fundamental es el **almacenamiento** de las copias, que debe realizarse en un medio de almacenamiento seguro y accesible, como los servidores locales, sistemas en la nube o soportes físicos, asegurándose de que los datos estén protegidos contra accesos no autorizados y que sean fáciles de recuperar en caso necesario. Es importante considerar la escala y el rendimiento de las soluciones de almacenamiento para adaptarse a las necesidades de crecimiento de los datos a lo largo del tiempo.

Además, es crucial tener en cuenta los **protocolos de recuperación** de datos. Un plan de recuperación bien definido garantiza que, en caso de desastre, las copias de seguridad pueden ser restauradas rápida y eficientemente, minimizando la interrupción del negocio. Esto implica realizar pruebas periódicas de recuperación para verificar que las copias de seguridad son efectivas y funcionales.

Las consideraciones legales también juegan un papel importante, por lo que las organizaciones deben asegurarse de que sus procesos de copia de datos respetan las normativas de privacidad y protección de datos vigentes, sobre todo si se manejan datos sensibles.

## 7.2. Procedimientos de implantación de imágenes y réplicas de sistemas

Una imagen de sistema es una copia exacta de todo el contenido de un disco duro o partición, incluyendo el sistema operativo, las aplicaciones, las configuraciones y los archivos. Esta imagen se utiliza como una plantilla para restaurar el sistema en caso de fallo. La creación de una imagen del sistema sigue los pasos que se explican a continuación.

### Creación de las imágenes del sistema

Este procedimiento asegura que tanto el sistema operativo como las aplicaciones y los datos estén completamente respaldados, permitiendo una recuperación eficiente ante cualquier contingencia, para lo que se deben seguir las etapas siguientes:

- **Selección del *software* de creación de imágenes:** existen varias herramientas especializadas para crear imágenes, como *Clonezilla, Acronis True Image* o *Symantec Ghost.* La elección del *software* dependerá de factores como el presupuesto, la facilidad de uso, la compatibilidad con los sistemas operativos y la integración con otros procesos.
- **Configuración del proceso de imagen:** se deben definir las configuraciones para la creación de la imagen, como su tipología (completa o incremental), el formato de almacenamiento y la programación (una sola vez o de manera periódica).
- **Creación de la imagen:** durante este proceso, el sistema origen se copia *bit* a *bit,* lo que asegura que se guarde toda la información, desde el sistema operativo hasta la configuración y los datos del usuario. Esta imagen debe almacenarse en un lugar seguro, como un servidor de respaldo o almacenamiento en la nube.
- **Verificación de la integridad de la imagen:** una vez que la imagen se ha creado, es fundamental verificar que no haya corrupción en los archivos y que se pueden restaurar correctamente si es necesario.

### Procedimiento para implementar las réplicas del sistema

Las réplicas permiten tener sistemas de respaldo activos sincronizados, lo que aumenta la disponibilidad de la información y reduce el tiempo de inactividad. Este procedimiento es vital para garantizar la continuidad operativa de las aplicaciones críticas y reducir el impacto de posibles desastres. Las réplicas pueden ser completas o parciales, y el procedimiento general para implementarlas es el siguiente:

- **Selección de la tecnología de replicación:** dependiendo de los objetivos (alta disponibilidad, recuperación ante desastres, etc.), se pueden elegir tecnologías como la replicación a nivel de disco, la replicación a nivel de base de datos o la replicación de servidores virtuales.

- **Configuración de la réplica:** la réplica puede configurarse en tiempo real (sincronización permanente de los datos) o de manera programada (copias periódicas de los datos). En los sistemas críticos, se suelen implementar réplicas sincronizadas que reflejan cualquier cambio en el sistema principal de forma inmediata.
- **Monitorización y mantenimiento de las réplicas:** las réplicas deben mantenerse actualizadas y se debe asegurar que los sistemas replicados funcionen correctamente. La monitorización continua es crucial para detectar fallos y asegurar que las réplicas están actualizadas.
- **Pruebas de recuperación:** una etapa importante en cualquier procedimiento de replicación es la realización de pruebas regulares para asegurar que la réplica puede convertirse en el sistema principal en caso de fallo. Estas pruebas deben realizarse en ambientes controlados para evitar la interrupción de las operaciones del sistema principal.

**Plan de recuperación ante desastres**

El plan de recuperación ante desastres (DRP, por sus siglas en inglés) es esencial cuando se implementan imágenes y réplicas. Este plan incluye los procedimientos a seguir en caso de que el sistema principal falle y se necesite restaurar una copia del sistema o activar una réplica. Las etapas clave de un DRP incluyen:

- **Evaluación de riesgos:** identificar qué tipos de desastres (fallos de *hardware,* ciberataques, errores humanos, etc.) podrían afectar a los sistemas y cómo la creación de imágenes y réplicas pueden mitigarlos.
- **Establecimiento de los objetivos de recuperación:** definir el objetivo de tiempo de recuperación (RTO) y el objetivo de punto de recuperación (RPO). El RTO define cuánto tiempo puede estar fuera de servicio el sistema antes de que se produzca un impacto negativo, y el RPO determina cuántos datos pueden perderse en el escenario más desfavorable.
- **Implementación de los procedimientos de restauración:** documentar paso a paso cómo se deben restaurar los sistemas utilizando las imágenes o réplicas en caso de emergencia, desde la selección de la fuente correcta hasta la restauración completa del entorno.

- **Entrenamiento y simulacro:** realizar simulacros regulares para asegurar que el personal está familiarizado con los procedimientos de recuperación y puede responder eficazmente en una situación de desastre.
- **Mantenimiento y actualización de imágenes y réplicas:** es importante mantener las imágenes y réplicas actualizadas para reflejar los cambios en el sistema. Para ello, se debe:

  - **Actualizar las imágenes regularmente:** programar actualizaciones periódicas de las imágenes de respaldo, especialmente después de cambios significativos en el sistema, como actualizaciones del *software,* nuevas aplicaciones o modificaciones en la configuración.
  - **Revisión de réplicas:** asegurarse de que las réplicas estén sincronizadas correctamente con el sistema principal y de que no haya discrepancias entre las copias.

Los procedimientos de implantación de las imágenes y las réplicas son fundamentales para mantener la continuidad operativa de los sistemas informáticos. Al seguir las mejores prácticas y establecer procedimientos claros de creación de imágenes y replicación de datos, las empresas pueden reducir los riesgos asociados con la pérdida de datos y asegurar una recuperación rápida y efectiva ante desastres.

 **Actividades**

7. Realice un listado comparativo de distintos programas para crear imágenes de discos duros y particiones.

## 7.3. Procedimientos de verificación de imágenes y réplicas de sistemas

La verificación de las imágenes y réplicas de los sistemas es un proceso esencial para asegurar que las copias de seguridad y las réplicas son efectivas y pueden utilizarse correctamente en caso de recuperación. La verificación garantiza que las imágenes y réplicas no solo se hayan creado correctamente, sino que sean funcionales, consistentes y estén actualizadas, asegurando la integridad y la disponibilidad de los datos en situaciones de desastre. A continuación, se detallan los procedimientos fundamentales para llevar a cabo esta verificación.

### Verificación de la integridad de las imágenes de sistema

Dentro del proceso del proceso de verificación, se debe asegurar que las imágenes del sistema no estén corruptas y sean fieles a los datos originales. Esto se logra mediante:

- **Sumas de verificación** *(hashing):* se generan sumas de verificación para la imagen del sistema en el momento de su creación y se almacenan en un lugar seguro. Posteriormente, durante la verificación, se genera nuevamente la suma de verificación de la imagen y se compara con la original. Si ambas coinciden, significa que la imagen no ha sufrido alteraciones ni está corrupta.
- **Pruebas de restauración:** para garantizar que una imagen puede ser restaurada correctamente, se debe realizar un proceso de restauración en un entorno de pruebas. Esto permite verificar que la imagen puede restaurar el sistema completo sin fallos y que el sistema funciona correctamente una vez restaurado.
- **Validación de los componentes:** la verificación implica comprobar que todos los componentes esenciales de la imagen (sistema operativo, aplicaciones, configuraciones y datos) están completos y sin modificaciones indeseadas.

### Verificación de la sincronización en las réplicas

Las réplicas de los sistemas deben mantenerse sincronizadas con el sistema original para garantizar que los datos replicados están actualizados. Los procedimientos para verificar la sincronización incluyen:

- **Comprobación de la consistencia:** se realizan verificaciones periódicas para asegurar que los datos en la réplica coinciden exactamente con los datos del sistema principal. Esto incluye verificar la integridad de las bases de datos, los archivos y las configuraciones replicadas.

- **Monitorización en tiempo real:** se debe detectar cualquier desfase o fallo en la sincronización. Herramientas especializadas pueden alertar automáticamente cuando la réplica deje de estar sincronizada, lo que permitirá tomar medidas correctivas de manera inmediata.
- **Pruebas de *failover:*** estas pruebas aseguran que la réplica puede convertirse en el sistema principal sin interrupciones significativas. Durante estas pruebas, se cambia la carga de trabajo al sistema replicado para verificar que todo funciona como se espera.

### Validación de copias incrementales y diferenciales

Las imágenes o las réplicas de las copias de seguridad pueden ser completas, incrementales o diferenciales. La verificación de este tipo de copias puede ser de dos tipos:

- **Verificación de consistencia de las copias incrementales:** las copias incrementales deben verificarse para asegurar que incluyen todos los cambios realizados desde la última copia. En este proceso, es importante comprobar que las copias anteriores también son accesibles y que se pueden restaurar sin problemas.
- **Pruebas de restauración de copias incrementales y diferenciales:** similar a las pruebas de restauración de las imágenes completas, prueba que las copias incrementales y diferenciales pueden restaurarse correctamente. Esto implica verificar que las copias actuales y las anteriores se pueden combinar adecuadamente para restaurar el sistema de manera íntegra.

### Automatización de la verificación de imágenes y réplicas

La verificación de las imágenes y de las réplicas debe ser un proceso continuo, especialmente en sistemas críticos. Para optimizar y garantizar la verificación regular, las empresas deben:

- **Implementar herramientas de verificación automática:** muchas soluciones de *software* de gestión de copias de seguridad y replicación permiten automatizar la verificación de la integridad y consistencia de las imágenes y réplicas. Esto reduce la intervención manual y asegura que las verificaciones se realicen de forma periódica y sin fallos.

- **Alertas e informes automáticos:** configurar las alertas automáticas para avisar a los administradores en caso de fallos en la verificación o detección de inconsistencias.

### Pruebas de recuperación

Son uno de los métodos más efectivos para garantizar que las imágenes y réplicas son válidas. Durante estas pruebas, se restauran las imágenes o réplicas en un entorno de prueba para asegurar que el proceso de restauración funciona sin problemas. Los pasos clave en este procedimiento incluyen:

- **Restauración en un entorno controlado:** crear un entorno de prueba aislado en el que se restauren las imágenes o réplicas. Esto permite evaluar el comportamiento del sistema restaurado sin riesgo para el entorno de producción.
- **Pruebas de funcionalidad:** una vez restaurado el sistema, se debe verificar que todas las funcionalidades y aplicaciones críticas están operativas. Esto incluye la validación de las bases de datos, las configuraciones del sistema y las aplicaciones empresariales.

*Las pruebas de recuperación son básicas para garantizar la recuperación de los datos.*

### Documentación de los procedimientos de verificación

Se deben documentar todos los procedimientos de verificación para garantizar que se sigan correctamente y que las pruebas sean consistentes. La documentación debe incluir:

- Los pasos detallados para la creación y verificación de las imágenes y las réplicas
- Los resultados de las pruebas de verificación, incluidas las correcciones realizadas en caso de haber detectado problemas
- El historial de las verificaciones y las pruebas de recuperación realizadas, para proporcionar transparencia y permitir auditorías

## 8. Resumen

La protección de los datos y la información en una empresa es fundamental, ya que su pérdida puede tener graves consecuencias. Los programas de copia de seguridad permiten duplicar y almacenar los datos de forma segura, asegurando su rápida recuperación en caso de fallos o desastres. Además, estos programas deben cumplir las normativas de seguridad y garantizar la continuidad operativa de los sistemas.

Existen diferentes tipos de copias de seguridad según la necesidad de almacenamiento y restauración. Las copias completas guardan todos los datos, las incrementales solo almacenan los cambios desde la última copia, y las diferenciales registran los cambios desde la última copia completa. También existe la copia espejo, que mantiene una réplica en tiempo real para una recuperación inmediata.

Los métodos de almacenamiento varían según la infraestructura disponible. El almacenamiento en disco ofrece un acceso rápido, el almacenamiento en la nube proporciona escalabilidad y seguridad, y el almacenamiento híbrido combina ambas soluciones para mayor eficiencia. La elección del método adecuado depende de la frecuencia de las copias, el espacio disponible, la seguridad del cifrado y la automatización del proceso.

La clonación de los discos permite crear réplicas exactas de los datos, facilitando la migración o restauración del sistema en caso de fallos. La replicación de los datos garantiza la disponibilidad de la información al distribuir la carga entre múltiples servidores, mejorando la eficiencia y reduciendo el tiempo de inactividad. Sin embargo, es esencial implementar medidas de seguridad para evitar accesos no autorizados y corrupción de los datos replicados.

Las particiones de los discos permiten organizar los datos dividiendo un disco en varias unidades lógicas, optimizando la gestión y aumentando la seguridad. Herramientas como *GParted, DiskPart* y *EaseUS* facilitan la administración de las particiones y copias de seguridad, asegurando un mejor control sobre los datos.

Las imágenes y réplicas de los sistemas permiten restaurar rápidamente un entorno informático en caso de desastre. Su verificación continua es clave para garantizar que los datos almacenados son actualizados, consistentes y seguros.

Una gestión eficiente de las copias de seguridad, clonación, replicación y particiones es esencial para la protección de los datos y para la continuidad operativa en cualquier organización.

Ejercicios de repaso y autoevaluación

1. **Indique si las siguientes afirmaciones son verdaderas o falsas.**

   a. La copia de seguridad es el proceso mediante el cual se realizan duplicados de los datos almacenados en un sistema o servidor.

   ☐ Verdadero
   ☐ Falso

   b. La disponibilidad de los datos es esencial para el funcionamiento de las empresas.

   ☐ Verdadero
   ☐ Falso

   c. La replicación física implica la duplicación únicamente de parte de los datos almacenados en un dispositivo.

   ☐ Verdadero
   ☐ Falso

2. **Complete el siguiente texto.**

   La _____ de _____ es el proceso mediante el cual se realizan _____ de los _____ almacenados en un _____ o _____ y se guardan en una ubicación _____, con el fin de poder _____ en caso de pérdida de datos debido a fallos de _____, ataques _____, errores humanos o desastres naturales.

3. **Enumere los distintos tipos de copias de seguridad y sus características.**

   _____
   _____
   _____
   _____
   _____
   _____
   _____
   _____

4. **¿Qué acciones deben considerarse al implementar un programa de copia de seguridad?**

    a. Automatización y pruebas de recuperación

    b. Frecuencia de las copias y espacio de almacenamiento

    c. Solamente cifrado y automatización

    d. Solo frecuencia y cifrado

5. **¿Qué partición se puede convertir en una unidad activa para iniciar el sistema operativo?**

    a. Partición de arranque

    b. Partición extendida

    c. Partición lógica

    d. Partición primaria

6. **¿Qué objetivo tiene la replicación de los datos en un sistema distribuido?**

    a. Mejorar la disponibilidad y la tolerancia a fallos.

    b. Minimizar la corrupción.

    c. Reducir el rendimiento.

    d. Simplificar la gestión de datos.

7. **Complete el siguiente texto:**

    1. Los sistemas de _____ se encargan de _____ que las copias de los datos son _____ y están _____, lo que significa que cualquier _____ realizado en una copia de los datos debe _____ en todas de manera _____ y sin pérdida de _____.

8. **¿Qué copia es la que solo guarda los cambios realizados desde la última copia completa?**

    a. Copia incremental

    b. Copia diferencial

    c. Copia espejo

    d. Copia completa

**9. ¿Qué partición es la que no puede iniciar el sistema operativo?**

    a. Partición primaria
    b. Partición lógica
    c. Partición extendida
    d. Partición de arranque

**10. ¿Qué procedimiento incluye pruebas periódicas para asegurar la efectividad de las copias de seguridad?**

    a. Pruebas de restauración
    b. Pruebas de recuperación
    c. Monitorización
    d. Automatización

# Etiquetado, embalaje, almacenamiento y traslado de equipos, periféricos y consumibles

# Contenido

1. Introducción
2. Condiciones
3. Tipos de embalaje
4. Procedimientos de etiquetado
5. Herramientas y accesorios de etiquetado
6. Conservación de las herramientas
7. Garantías de los componentes, periféricos y consumibles en equipos microinformáticos
8. Albaranes
9. Almacenamiento
10. Gestión, eliminación o reciclaje de los residuos
11. Resumen

# 1. Introducción

El manejo correcto de equipos, periféricos y consumibles tecnológicos es un aspecto esencial para garantizar su estado, prolongar su vida útil y evitar los daños que puedan sufrir durante su almacenamiento o traslado. Se recomienda etiquetar todos los productos con información clara y legible, utilizando materiales resistentes según las condiciones ambientales. El embalaje debe adecuarse a cada tipo de producto, y protegerlo contra factores como los golpes, la humedad y la temperatura.

Para controlar la entrada y salida de los equipos y componentes se recomienda implementar un sistema de inventario. Durante el movimiento y para el almacenamiento de los equipos se recomienda utilizar embalajes protectores y transportar los equipos con cuidado para evitar daños físicos.

# 2. Condiciones

El correcto manejo de los equipos, periféricos y consumibles tecnológicos es fundamental para garantizar su buen estado, prolongar su vida útil y evitar daños durante su almacenamiento o traslado.

Cada equipo, periférico o consumible debe estar debidamente identificado mediante etiquetas que contengan la información clave. Estas etiquetas deben incluir el nombre o descripción del artículo, número de serie o código de identificación, fecha de recepción, nombre del proveedor o fabricante y, si fuera necesario, las instrucciones especiales de manejo.

Para garantizar su durabilidad, las etiquetas deben ser resistentes al agua y al desgaste, evitando que la información se deteriore con el tiempo. En el caso de los consumibles como cartuchos de tinta o tóner, se recomienda incluir información sobre la fecha de caducidad o el tiempo máximo de uso.

El embalaje debe proporcionar la protección adecuada contra golpes, polvo, humedad y otros factores que puedan afectar al estado del equipo o consumible.

En el caso de los equipos electrónicos, se recomienda utilizar cajas de cartón reforzado o los embalajes originales de los fabricantes, añadiéndoles un material de protección adicional como espuma, burbujas o fundas antiestáticas para evitar daños por golpes y descargas eléctricas. Además, es importante cerrar correctamente las cajas con cinta o precintos de seguridad inviolables para evitar las manipulaciones indebidas.

En los periféricos y consumibles, el embalaje debe garantizar su integridad, utilizando bolsas selladas o envoltorios individuales que prevengan los derrames o la contaminación. Es recomendable utilizar separadores internos en las cajas cuando se transportan varios elementos en un mismo contenedor.

El almacenamiento de los equipos y consumibles debe realizarse en un espacio limpio, seco y libre de humedad para evitar su deterioro o corrosión. Es recomendable mantener un control de temperatura y humedad según las especificaciones del fabricante, especialmente en los dispositivos sensibles a los cambios ambientales.

Además, los equipos se deben organizar de manera eficiente dentro del área de almacenamiento. Se recomienda separarlos por categorías, asegurando que cada tipo de equipo, periférico o consumible tenga un espacio específico en estanterías resistentes y bien identificadas. También es fundamental llevar un registro de inventario actualizado para controlar la entrada y salida de productos, reduciendo las pérdidas o extravíos.

Durante el traslado de los equipos, se debe garantizar su protección para evitarles golpes o daños. Se deben utilizar vehículos adecuados para el transporte de dispositivos electrónicos y, en el caso de los traslados largos o condiciones de riesgo, se pueden emplear embalajes reforzados que absorban las vibraciones y los movimientos bruscos.

La manipulación de los equipos debe ser cuidadosa, evitando las caídas o impactos que puedan comprometer su funcionamiento. Además, es recomendable documentar el traslado mediante un registro que incluya información como la fecha, el destinatario y el estado del equipo antes y después del transporte.

El manejo adecuado de los equipos, periféricos y consumibles en cada una de estas etapas contribuirá a mantener su calidad y su operatividad optimizando los procesos de almacenamiento y distribución.

## 3. Tipos de embalaje

El embalaje es un factor clave para la protección de los equipos, periféricos y consumibles tecnológicos. Existen distintos tipos de embalajes según el grado de protección requerido, el tipo de producto y las condiciones de traslado o almacenamiento. Los principales tipos de embalajes utilizados son:

- **Bolsas antiestáticas (ESD):** esenciales para envolver los periféricos electrónicos antes de su embalaje. Estas bolsas ayudan a eliminar las descargas electrostáticas y protegen los dispositivos sensibles.
- **Plástico de burbuja** *(bubble wrap):* es un material de embalaje muy utilizado para proteger los periféricos. Las burbujas de aire actúan como elemento de amortiguación, evitando que los dispositivos se golpeen o sufran daños por impactos.
- **Espuma moldeada:** la espuma moldeada tiene la ventaja de que se adapta exactamente a la forma específica del equipo o periférico, proporcionando una protección ajustada y firme. Es ideal para asegurar que el dispositivo no se mueve dentro del embalaje durante el transporte.
- **Cajas de cartón resistente:** las cajas de cartón ofrecen una estructura externa robusta y confiable para proteger el periférico. Además, las cajas pueden incluir compartimentos internos para dividir y organizar distintos dispositivos en un solo paquete, minimizando el riesgo de daño por golpes.
- **Bolsas de silicona/gel:** se utilizan para absorber la humedad que podría filtrarse dentro del embalaje, ayudando a mantener los productos secos durante el almacenamiento o transporte, especialmente en condiciones de alta humedad.
- **Cintas adhesivas:** las de alta calidad se utilizan para para sellar las cajas de cartón, asegurando que el embalaje permanece intacto durante todo el proceso de distribución.

Cada tipo de embalaje debe seleccionarse atendiendo al grado de protección requerido y las condiciones de almacenamiento o transporte. Utilizar los materiales adecuados garantizará que los productos lleguen en óptimas condiciones a su destino.

 **Sabía que...**

La gran mayoría de los fallos que se producen en los equipos informáticos se deben a la acumulación de polvo en su interior.

*Si no se realiza un correcto embalaje de los equipos microinformáticos, estos pueden sufrir daños que los dejen inservibles.*

 **Actividades**

1. Investigue acerca de, al menos, tres tipos diferentes de materiales de embalaje utilizados en el transporte de los sistemas informáticos.
2. ¿Qué material de embalaje considera que es más adecuado para el transporte de los equipos informáticos?

## 4. Procedimientos de etiquetado

El etiquetado adecuado de equipos, periféricos y consumibles es esencial para su identificación, control de inventario y trazabilidad dentro de una organización. Un sistema de etiquetado eficiente permite un mejor seguimiento de los productos y ayuda a evitar pérdidas o confusiones en su manejo.

Antes de proceder con el etiquetado, es importante clasificar los productos en distintas categorías. Dentro de los equipos se encuentran las categorías de: equipos, servidores, *laptops,* monitores y otros dispositivos de gran tamaño. Los periféricos abarcan elementos como impresoras, teclados, ratones, escáneres y unidades externas. Dentro de los consumibles se agrupan los cartuchos de tinta, tóner, cintas de impresión, papel fotográfico y otros insumos utilizados para el funcionamiento de los equipos.

Cada categoría requiere de una información específica que debe recogerse en la etiqueta para asegurar su correcta identificación y facilitar su seguimiento dentro del inventario.

Las etiquetas deben contener la información clara y legible para facilitar la identificación del producto. En el caso de los equipos, es recomendable incluir el nombre del equipo, modelo, número de serie, código de inventario, fecha de adquisición, nombre del proveedor y estado del equipo (nuevo, usado, en reparación, etc.). Además, si el equipo tiene una ubicación asignada dentro de la empresa, esta también debe figurar en la etiqueta.

Para los periféricos, la etiqueta debe indicar el nombre del dispositivo, modelo, código de inventario y estado operativo (funcional, en mantenimiento, fuera de servicio). En los consumibles, se recomienda agregar el tipo de insumo, número de lote o serie, fecha de fabricación, fecha de caducidad (si aplica) y código de inventario interno. Esta información es esencial para asegurar un uso eficiente de los productos y evitar su desecho por caducidad.

El material de las etiquetas debe elegirse atendiendo al entorno en el que se almacenarán o transportarán los productos. Para los artículos almacenados en interiores con poca manipulación, las etiquetas de papel pueden ser suficientes. Sin embargo, en ambientes con mayor exposición a la humedad o roces, se recomienda utilizar etiquetas plásticas o vinílicas, ya que son más resistentes y duraderas.

En algunos casos, puede ser útil emplear etiquetas con código de barras o códigos QR, ya que permiten una gestión digital del inventario mediante escáneres o aplicaciones móviles. Para los equipos de alto valor o de acceso restringido, pueden utilizarse etiquetas de seguridad, como holográficas o destructibles, que evitan su manipulación o retiro no autorizado.

Para garantizar que la etiqueta cumpla su función, es importante colocarla en una zona visible y accesible del equipo o periférico. No debe interferir con los puertos de conexión, las ranuras de ventilación o las pantallas. Antes de adherir la etiqueta, se recomienda limpiar la superficie en la que se colocará para mejorar su adherencia y evitar que se despegue con facilidad.

En el caso de los equipos desmontables o que incorporen distintos accesorios, es conveniente etiquetar también sus componentes principales. Esto facilitará su identificación y evitará las posibles confusiones en su mantenimiento o traslado.

El etiquetado debe estar respaldado por un sistema de inventario físico o digital. Una vez colocada la etiqueta, la información debe registrarse en una base de datos que permita el seguimiento del equipo, indicando su ubicación, su estado y su responsable.

Es importante actualizar periódicamente el sistema de inventario para reflejar cualquier cambio en el mismo. Se recomienda verificar el estado de las etiquetas y reemplazarlas en caso de desgaste o pérdida de legibilidad.

Un procedimiento de etiquetado adecuado garantiza una mejor organización y gestión de los recursos tecnológicos, optimizando su control y facilitando su mantenimiento y distribución dentro de la organización.

**Actividades**

3. Elija un producto electrónico y analice su etiquetado.
4. ¿Considera que el etiquetado es correcto? ¿Por qué?

## 5. Herramientas y accesorios de etiquetado

El etiquetado de los equipos, periféricos y consumibles requiere el uso de herramientas y elementos adecuados para garantizar una identificación clara, duradera y eficiente de los mismos. Contar con los materiales apropiados facilita la gestión de los inventarios y evita problemas relacionados con la pérdida o deterioro de las etiquetas. Las principales herramientas y accesorios utilizados en el proceso de etiquetado son las que se analizan a continuación.

### 5.1. Impresoras de etiquetas

Las impresoras de etiquetas son dispositivos diseñados para generar etiquetas personalizadas con la información específica de cada equipo, periférico o consumible. Existen diferentes tipos de impresoras según la necesidad y el volumen de etiquetado requerido.

Las impresoras térmicas utilizan calor para imprimir sobre un papel especial, lo que las hace ideales para etiquetas cuyos datos impresos pueden tener una corta duración. Las impresoras de transferencia térmica emplean una cinta de tinta que permite imprimir etiquetas más duraderas y resistentes a la humedad, el calor y la fricción.

En entornos con una alta demanda de etiquetado, las impresoras industriales ofrecen una mayor velocidad y calidad en la impresión, mientras que las impresoras portátiles son útiles para el etiquetado en diferentes ubicaciones dentro de una empresa.

## 5.2. Rotuladores y marcadores permanentes

En los casos en los que se requiere un etiquetado manual o una identificación temporal, los rotuladores y los marcadores permanentes son una herramienta útil que permite escribir directamente sobre las etiquetas adhesivas, carcasas de equipos y/o accesorios.

Para una mayor durabilidad, se recomienda el uso de marcadores cuya tinta sea resistente al agua y a la abrasión para evitar que la información se borre con el paso del tiempo, garantizando una identificación clara y legible.

## 5.3. Etiquetas adhesivas

Las etiquetas adhesivas son el elemento principal del proceso de etiquetado. Pueden estar fabricadas por diferentes materiales según el entorno y la durabilidad requerida.

Las etiquetas de papel adhesivo suelen ser las más adecuadas y económicas para aquellos etiquetados de corta duración. Si se necesita una mayor resistencia, las etiquetas de plástico o vinílicas ofrecen una mayor adhesión y tolerancia a las condiciones adversas como la humedad, el calor o la exposición a químicos.

Para los equipos electrónicos sensibles, se recomienda el uso de etiquetas antiestáticas, que previenen descargas eléctricas que podrían afectar al funcionamiento del dispositivo. Se pueden encontrar etiquetas de seguridad, holográficas o destructibles, que evitan las manipulaciones no autorizadas.

## 5.4. Códigos de barras y QR

El uso de códigos de barras y códigos QR facilita la gestión digital del inventario. Para esto, se deben emplear etiquetas con códigos únicos que puedan ser escaneados mediante equipos móviles o lectores especializados.

Los códigos de barras son cada vez más utilizados en los almacenes y en las tiendas para identificar los productos rápidamente. Los códigos QR, en cambio, permiten almacenar más información, como la fecha de adquisición, historial de mantenimiento o enlaces a bases de datos internas.

*Los códigos QR tienen la ventaja de almacenar mayor cantidad de datos que los códigos de barras.*

## 5.5. Aplicadores y dispensadores de etiquetas

Para agilizar el proceso de etiquetado, existen aplicadores y dispensadores de etiquetas que facilitan la colocación de las mismas. Estos dispositivos son especialmente útiles cuando se necesita etiquetar un gran número de productos.

Los aplicadores manuales permiten posicionar y adherir las etiquetas sin necesidad de despegar el soporte de forma individual. Por otro lado, los dispensadores automáticos pueden integrarse en líneas de producción para el etiquetado en serie.

## 5.6. *Software* de diseño y gestión de etiquetas

El uso de *software* de diseño y gestión de etiquetas permite crear etiquetas personalizadas con información específica, códigos de barras y logotipos. Estas herramientas facilitan la impresión en diferentes formatos y aseguran la uniformidad en el etiquetado de todos los productos.

Algunos programas también se integran con sistemas de gestión de inventarios, lo que permite actualizar la información de las etiquetas en tiempo real, mejorando el control de los activos dentro de la empresa.

## 5.7. Soportes y fundas de protección para etiquetas

En aquellos casos en los que las etiquetas pueden estar expuestas a condiciones extremas o a una manipulación frecuente, se recomienda el uso de soportes y fundas de protección. Estas fundas, plásticas o acrílicas, protegen la información impresa y prolongan la vida útil de la etiqueta.

También existen etiquetas plastificadas o recubiertas con laminados que resisten mejor la humedad, la fricción y los cambios de temperatura. Estas opciones son perfectas para etiquetar equipos y consumibles almacenados en ambientes industriales o exteriores.

 Recuerde

Un etiquetado eficiente contribuye a reducir pérdidas, mejorar el mantenimiento de los equipos y asegurar un control preciso sobre los activos de la empresa.

## 6. Conservación de las herramientas

Para garantizar un etiquetado eficiente y duradero en los equipos, periféricos y consumibles, es fundamental conservar en buen estado las herramientas y accesorios utilizados en este proceso. Un mantenimiento adecuado, además de prolongar la vida útil de estos elementos, también asegura la calidad de las etiquetas y la precisión en la identificación de los productos.

Las herramientas y accesorios de etiquetado, como impresoras de etiquetas, rollos adhesivos, tintas, marcadores y lectores de códigos de barras, deben

**almacenarse en una zona limpia, seca y ordenada.** Es recomendable asignarles un espacio exclusivo dentro del almacén, utilizando estanterías o gavetas organizadas atendiendo al tipo de material. Además, los insumos deben resguardarse en su empaque original hasta el momento de su uso, evitando daños por polvo, humedad o exposición a la luz solar directa.

El **mantenimiento regular de las herramientas** de etiquetado es un elemento clave para evitar fallos en su funcionamiento. Las impresoras de etiquetas deben limpiarse periódicamente para eliminar los posibles residuos de adhesivo y polvo. Asimismo, es importante revisar el estado de los cabezales de impresión y calibrarlos atendiendo a las recomendaciones del fabricante.

Los marcadores y bolígrafos utilizados para el etiquetado manual deben mantenerse con sus **tapas bien cerradas** para evitar que la tinta se seque. En el caso de los lectores de códigos de barras, se recomienda limpiar las lentes y evitar que entren en contacto con líquidos o sustancias abrasivas.

La **humedad y las temperaturas** extremas pueden afectar la adherencia de las etiquetas y el rendimiento de las impresoras, motivo por el cual se recomienda mantener estos equipos en espacios con condiciones ambientales controladas.

Los rollos de etiquetas adhesivas deben **almacenarse en posición vertical** para evitar deformaciones y pérdida de adherencia. Es importante protegerlos de la luz ultravioleta, ya que puede deteriorar la impresión y reducir la calidad de los códigos de barras.

Para evitar interrupciones en el proceso de etiquetado, es necesario llevar un control de inventario de los insumos disponibles. Se recomienda establecer un sistema de registro que permita identificar los niveles de tinta, etiquetas y otros accesorios, garantizando su reposición oportuna. Además, es conveniente verificar las fechas de vencimiento de los insumos, ya que algunos materiales pueden perder calidad con el tiempo.

Un manejo y una conservación correcta de las herramientas y accesorios de etiquetado asegura un proceso eficiente y sin contratiempos, permitiendo una correcta identificación y trazabilidad de los equipos, periféricos y consumibles dentro de la organización.

# 7. Garantías de los componentes, periféricos y consumibles en equipos microinformáticos

Al adquirir cualquier componente de un equipo microinformático, es fundamental comprender el funcionamiento de las garantías aplicables a estos componentes: internos, periféricos y consumibles. Conocer estas garantías permite gestionar eficazmente las posibles incidencias, reducir los costes de reparación y asegurar que el equipo tiene un rendimiento óptimo.

Las garantías deben ser ofrecidas por los fabricantes o por los distribuidores y están destinadas a cubrir los defectos de fabricación, pero no cubren los daños ocasionados por un mal uso o desgaste natural. Es importante conocer los términos y condiciones para hacerlas valer correctamente.

## 7.1. Garantía de los equipos informáticos

Los componentes internos de los equipos, como los procesadores, memorias, discos duros, tarjetas gráficas, placas base y fuentes de alimentación suelen contar con garantías que pueden variar entre 1 y 5 años, dependiendo del fabricante y del tipo de producto.

Las garantías suelen cubrir aspectos relacionados con los defectos de fabricación y fallos prematuros.

En algunas ocasiones, los fabricantes ofrecen a los usuarios garantías superiores a las establecidas legalmente previo pago de un importe.

Entre las condiciones más habituales que exigen los fabricantes para hacer valer la garantía se encuentran las siguientes:

- No se debe haber manipulado el componente indebidamente.
- Se debe haber utilizado según las especificaciones del fabricante.
- Ha debido ser instalado por personal cualificado, en algunos casos perteneciente a la red de colaboradores de la empresa fabricante.

Aunque algunos fabricantes requieren de un contacto previo con el servicio de atención al cliente, lo más habitual es que la garantía se tramite a través del distribuidor o establecimiento en el que se ha adquirido el producto.

 **Importante**

Se recomienda conservar la factura de compra y el número de serie del producto durante todo el tiempo que la garantía sea efectiva.

## 7.2. Garantía de los periféricos

Los periféricos, como los teclados, ratones, monitores, impresoras, escáneres y auriculares, también cuentan con garantías que oscilan entre 1 y 3 años. Sin embargo, algunos fabricantes ofrecen períodos superiores en los dispositivos de gama alta.

En estos elementos, cuando un comprador hace valer la garantía, se pueden producir las siguientes acciones:

- Reparación gratuita.
- Reemplazo del producto por uno nuevo o reacondicionado.
- Reembolso en caso de que no se pueda reparar el producto.

No hay que olvidar que en toda garantía también se encuentran definidas una serie de exclusiones, como son:

- El desgaste por un uso habitual (teclas que se borran con el tiempo o desgaste en el cableado de un ratón.
- Daños accidentales (por caídas, golpes o derrames de líquidos).
- Uso de accesorios que no son de la marca y que pueden afectar al funcionamiento.

Algunos fabricantes, para que la garantía sea efectiva, requieren que el usuario registre el periférico en su web para activar la garantía.

## Sabía que...

En el caso de las impresoras, algunos fabricantes obligan a que durante el período de garantía los consumibles sean originales. En caso contrario, la garantía quedará cancelada.

## 7.3. Garantía de los consumibles

Los consumibles, como los cartuchos de tinta, tóner, baterías, discos (CD/DVD), unidades USB y papel especial, tienen garantías más limitadas, ya que tienen una duración finita.

Generalmente, la garantía solo cubre defectos de fábrica y no el desgaste natural del producto.

Es posible que el fabricante solicite pruebas del defecto, como fotos o informes de errores generados por el equipo.

## Actividades

5. Analice los aspectos que regula el R. D. 1/2007, del 16 de noviembre, por el que se aprueba el texto refundido de la Ley General para la Defensa de los Consumidores y Usuarios con respecto a las garantías de los productos.
6. Investigue acerca de las garantías de las baterías de los equipos electrónicos. ¿Son todas iguales? ¿Considera que incumplen la normativa?

*La manipulación de los equipos por personal no autorizado da lugar a la cancelación de la garantía.*

## 7.4. Buenas prácticas en la gestión de las garantías

Para asegurarse de que las garantías, cuando sean necesarias, se puedan utilizar, se recomienda seguir las siguientes buenas prácticas:

- Conservar las facturas y comprobantes de compra.
- Leer y cumplir las condiciones establecidas en la garantía por el fabricante.
- Registrar los productos si el fabricante lo requiere.
- Contactar con el soporte técnico y no realizar reparaciones por cuenta propia.
- Usar repuestos y consumibles originales.
- Realizar mantenimientos preventivos.
- Conocer las políticas de devolución de la tienda y del fabricante.

## 8. Albaranes

El albarán es un documento mercantil que certifica la entrega de bienes o mercancías de un proveedor a un cliente. Su principal función es servir como comprobante de recepción de la mercancía y facilitar el control de los productos entregados. Aunque no tiene validez fiscal, como sucede con las facturas, es un documento básico en la gestión logística y administrativa de una empresa.

Un albarán debe contener información detallada de la transacción, incluyendo los siguientes elementos:

- **Datos del proveedor y del cliente:** nombre, dirección, número de identificación fiscal y datos de contacto.
- **Número y fecha del albarán:** identificación única y fecha de emisión.
- **Descripción de los productos o servicios entregados:** cantidad, referencia, descripción y cualquier otra información relevante.
- **Firma de recepción:** espacio para que el destinatario firme y confirme la entrega de los bienes.
- **Observaciones:** sección opcional para incluir información adicional, como incidencias o instrucciones especiales.

Según la función de los albaranes en el proceso comercial, se pueden encontrar los siguientes tipos:

- **Albarán valorado:** incluye el precio de los productos entregados y puede servir de base para la emisión posterior de la factura.
- **Albarán sin valorar:** no muestra precios, solo detalla los productos entregados. Se usa cuando se quiere evitar que el destinatario conozca los importes.
- **Albarán de devolución:** se emite cuando se devuelven los productos al proveedor, especificando las razones de la devolución.
- **Albarán de entrega parcial:** se utiliza cuando un pedido se entrega en varias fases, registrando cada envío por separado.

El albarán es clave en la gestión de inventarios, ya que permite llevar un control preciso de las entradas y salidas de los productos. Además, sirve como prueba documental en caso de discrepancias entre el proveedor y el cliente. También agiliza el proceso de facturación, ya que los datos recogidos en él pueden utilizarse para elaborar la factura correspondiente.

Un correcto uso y almacenamiento de los albaranes ayuda a optimizar la logística y la trazabilidad de los productos dentro de una empresa, garantizando la gestión de los recursos y las relaciones comerciales eficientes.

Aplicación práctica

La empresa TecnoPC ha recibido un pedido de 10 monitores y 5 teclados de la marca TechVision. Al recibir el albarán del proveedor, el responsable de almacén detecta varias irregularidades en el documento. ¿Qué errores presenta el último albarán recibido?

| Entregar a: | Nº albarán: | **2589** |
|---|---|---|
| Cliente TecnoPC | Fecha: | 12/2/25 |
| Domicilio | Número de pedido: | |
| Ciudad | Fecha de entrega: | |
| (NIF) | Lugar de entrega: | |

**Número de Albarán**

| Pos. | Descripción de los bienes | Cantidad | Precio un. | Importe |
|---|---|---|---|---|
| 1 | Teclado mecánico RGB | 10 | 45,00 € | 300,00 € |
| 2 | Ratón inalámbrico | 2 | 30,00 € | 60,00 € |
| 3 | Monitor 24" Full HD | 1 | 180,00 € | 180,00 € |
| 4 | | | | |
| 5 | | | | |
| 6 | | | | |

| Fecha de recepción y firma del receptor: | Observaciones: |
|---|---|
| | Entrega realizada a la dirección habitual. |

### SOLUCIÓN

- El importe total de los teclados debería ser de 450 €.
- Al ser un albarán valorado debería incorporar el importe total.
- Falta la fecha de recepción y la firma del receptor, motivo por el cual no se puede verificar quién ha recibido la mercancía y la fecha en la que se ha recibido, lo que puede generar problemas relacionados con la garantía.
- No se indica si los precios incluyen o no el IVA.

**Actividades**

7. Investigue acerca de las repercusiones que puede tener la cumplimentación de un albarán de manera incorrecta.

## 9. Almacenamiento

El correcto almacenamiento de los equipos y periféricos informáticos es un aspecto fundamental en la gestión de los recursos tecnológicos dentro de cualquier empresa. Un manejo correcto garantiza la protección, funcionalidad y disponibilidad de estos dispositivos, evitando daños por factores ambientales, golpes o manipulación indebida.

Para optimizar el almacenamiento, es necesario tener en cuenta varios aspectos clave, como la organización del espacio, el tipo de embalaje, las condiciones ambientales y los procedimientos de seguridad. Además, deben implementarse sistemas de control de inventario para llevar un registro preciso de los equipos y periféricos almacenados, facilitando su localización y mantenimiento.

Entre los dispositivos que requieren de un almacenamiento adecuado se encuentran los ordenadores, servidores, monitores, impresoras, teclados, ratones y otros accesorios tecnológicos. Cada elemento necesita unas condiciones específicas de resguardo para evitar el deterioro de sus componentes internos y garantizar su funcionamiento cuando se necesiten utilizar.

### 9.1. Maquinaria de almacén y protección de seguridad

El almacenamiento de los equipos y periféricos informáticos requiere de un espacio adecuado, el uso de equipos especializados y la aplicación de distintas medidas de seguridad para asegurar su conservación y protección. Dada la fragilidad y el valor de estos dispositivos, es importante utilizar herramientas y protocolos que minimicen posibles daños, extravíos o deterioros.

Dentro de los equipamientos utilizados en los almacenes tecnológicos, destacan los sistemas de estanterías automatizadas, montacargas, carros de transporte y equipos de embalaje como envolvedoras y selladoras. Estos equipos facilitan la manipulación segura de los productos, optimizando el espacio y reduciendo el esfuerzo físico del personal.

Un factor esencial para prevenir robos, accesos no autorizados y daños accidentales es la seguridad, para lo que se deberán implementar controles de acceso, sistemas de videovigilancia, alarmas y protocolos de manipulación segura. Se deben considerar las medidas de protección ambiental, como el control de temperatura y humedad, para evitar fallos en los dispositivos almacenados.

## 9.2. Almacenamiento FIFO

El sistema de almacenamiento FIFO *(first in, first out,* o primero en entrar, primero en salir) es un principio básico en la gestión de inventarios, que resulta relevante en el contexto de equipos y periféricos informáticos. Este enfoque tiene como objetivo asegurar que los productos más antiguos (que han estado más tiempo almacenados) son los primeros en salir del almacén y utilizarse. En el caso de los equipos informáticos, como ordenadores, servidores, monitores, teclados, ratones y otros periféricos, aplicar el sistema FIFO permite maximizar la vida útil de los productos y garantizar su disponibilidad y funcionalidad cuando se necesitan.

El almacenamiento FIFO es una herramienta crucial para las empresas que gestionan equipos tecnológicos, ya que la evolución de la tecnología puede provocar que los equipos antiguos queden obsoletos con el paso del tiempo. Los componentes como procesadores, memorias RAM, tarjetas gráficas o sistemas operativos tienen un ciclo de vida relativamente corto debido a los cambios constantes en la tecnología. Si no se aplica un sistema FIFO eficiente, los equipos almacenados durante más tiempo podrían volverse obsoletos o inservibles, lo que significará una pérdida económica para la empresa.

*En el almacenamiento FIFO, el primero que entra es el primero que sale. En el modelo LIFO, el primero que entra es el último que sale.*

Además, al seguir el método FIFO, las empresas se aseguran de que los equipos y periféricos informáticos que se han adquirido primero se utilicen antes que los últimos, lo que contribuye a mantener una rotación adecuada del inventario. Esto, además de reducir el riesgo de que los equipos se queden sin usar y pierdan valor, optimiza el espacio de almacenamiento, evitando la acumulación de productos sin utilizar.

La correcta implementación de un sistema FIFO también favorece la planificación de las compras y las reposiciones de los equipos y componentes. Al tener un control sobre los productos que están próximos a utilizarse, las empresas pueden anticiparse a la necesidad de reposición de los equipos obsoletos o en desuso, evitando la escasez o el exceso del inventario. Este sistema facilita el control de la calidad y la trazabilidad, ya que se puede identificar cuándo se adquirieron y utilizaron los equipos.

 **Aplicación práctica**

**Una empresa de tecnología que gestiona un almacén de materiales electrónicos siguiendo el método FIFO *(first in, first out)* tiene el siguiente registro de entrada de productos:**

Continúa en página siguiente >>

<< Viene de página anterior

| Fecha de entrada | Modelo de disco | Cantidad |
|:---:|:---:|:---:|
| 01/02/2025 | HDD 1TB | 5 |
| 05/02/2025 | HDD 2TB | 3 |
| 10/02/2025 | HDD 1TB | 4 |

El día 12/02/2025, un cliente le solicita 6 discos duros de 1TB. ¿Qué discos duros se le deben suministrar?

**SOLUCIÓN**

1. El primer lote entró el 01/02/2025 y tiene 5 unidades.
2. El segundo lote entró el 10/02/2025 y tiene 4 unidades.
   Como el cliente solicita 6 discos de 1TB, se deben entregar las 5 unidades que entraron el día 01/02/2025 y una unidad del lote que entró en el almacén el día 10/02/25. Quedan 3 discos de 1 TB en las existencias de la empresa.

 Actividades

8. ¿Qué tipos de almacenamiento existen para guardar los equipos en los almacenes?
9. ¿Cuál de todos ellos considera que es el más adecuado para los equipos y consumibles informáticos?

## 9.3. Registro

El registro de los equipos y periféricos informáticos es un proceso crucial para la gestión y control de los activos tecnológicos de una empresa. A través de este registro, las empresas garantizan una administración eficiente de los recursos, facilitando la localización, el seguimiento y la gestión de los dispositivos durante su ciclo de vida.

El objetivo principal del registro es mantener el inventario de todos los equipos y periféricos actualizado. Este inventario, además de ayudar en la planificación y en la toma de decisiones, es fundamental para la gestión del mantenimiento, control de incidencias y auditorías internas o externas.

El proceso de registro debe incluir información detallada sobre cada equipo o periférico, como el número de serie, modelo, fecha de adquisición, ubicación, estado de funcionamiento y cualquier otra característica relevante. De igual manera, debe contar con un sistema de actualización constante, ya que los equipos pueden ser reubicados, reparados o dados de baja.

## 9.4. *Software* de etiquetado

El uso de un *software* de etiquetado es una herramienta de apoyo para la gestión de equipos y periféricos informáticos dentro de la empresa. Estos programas permiten automatizar y optimizar el proceso de etiquetado, facilitando la identificación y el seguimiento de los dispositivos tecnológicos a lo largo de su ciclo de vida.

Los equipos y periféricos informáticos requieren de etiquetas claras y detalladas para facilitar su localización, controlar su inventario y garantizar su mantenimiento. El *software* de etiquetado proporciona las herramientas necesarias para diseñar etiquetas personalizadas que incluyen códigos de barras, números de serie, códigos QR, nombres de los dispositivos y cualquier otra información relevante.

Además de personalizar las etiquetas, el *software* de etiquetado permite integrarse con otros sistemas de gestión, como bases de datos o plataformas de gestión de inventarios, lo que mejora la eficiencia en la administración de los recursos tecnológicos. Estas aplicaciones pueden generar informes, realizar auditorías o seguimientos detallados de cada equipo o periférico, desde su adquisición hasta su desecho.

La implementación de un *software* de etiquetado adecuado, además de mejorar la organización y el control de los equipos informáticos, también reduce el margen de error, agiliza los procesos logísticos y facilita el cumplimiento de las normativas de seguridad o auditoría. El *software* de etiquetado se convierte en una herramienta indispensable para las empresas que gestionan grandes volúmenes de equipos y periféricos informáticos.

 **Actividades**

10. Realice un listado con distintos tipos de etiquetado según el tipo de producto existente dentro del envase.

## 9.5. Etiquetado de componentes de un sistema microinformático

Un sistema microinformático se refiere a la combinación del *hardware, software* y de los periféricos que trabajan en conjunto para realizar tareas informáticas, y cada uno de estos componentes debe ser identificado correctamente para facilitar su control y mantenimiento.

Un sistema microinformático está compuesto por varios componentes, y cada uno de ellos debe etiquetarse adecuadamente para evitar confusión y facilitar su reparación o reemplazo. Los componentes más habituales son:

- **Unidad central de procesamiento (CPU):** es el elemento clave del sistema informático, responsable del procesamiento de datos.
- **Placa base o tarjeta madre *(motherboard):*** conecta todos los componentes esenciales del sistema.
- **Memoria RAM:** responsable del almacenamiento temporal de datos cuando el sistema está en funcionamiento.
- **Discos duros (HDD/SSD):** almacenan los datos de forma permanente, como el sistema operativo y los archivos del usuario.
- **Tarjetas gráficas, de sonido y de red:** componentes adicionales que mejoran la funcionalidad del sistema.
- **Periféricos externos:** teclados, ratones, impresoras y monitores, que permiten la interacción con el sistema.

El etiquetado de los componentes debe incluir información precisa para facilitar su gestión. Entre los datos más relevantes se encuentran:

- **Número de serie:** identifica de forma única cada componente.
- **Modelo y marca:** especifica el modelo y fabricante del componente.
- **Código de inventario:** utilizado para el control interno en la empresa.
- **Fecha de adquisición:** gestionar la vida útil y los mantenimientos preventivos.
- **Ubicación asignada:** ubicación del componente.
- **Estado del componente:** operativo, en reparación o fuera de servicio.

Un etiquetado adecuado de los componentes de un sistema microinformático presenta varias ventajas clave, como:

- **Facilita la gestión del inventario:** un etiquetado organizado permite controlar los componentes y su ubicación, optimizando el manejo del inventario de *hardware*.
- **Mejorar la trazabilidad:** al contar con un número de serie y un código de inventario único, se facilita el seguimiento del componente desde su adquisición hasta su posible reemplazo o retiro.
- **Simplificar el mantenimiento y reparación:** en caso de fallos o problemas técnicos, las etiquetas permiten identificar rápidamente el componente defectuoso y proceder a su reparación o reemplazo.
- **Optimizar el ciclo de vida de los componentes:** el control regular y el mantenimiento preventivo son más efectivos cuando se puede acceder rápidamente a la información del componente a través de sus etiquetas.

 Aplicación práctica

**Un técnico de soporte necesita organizar y etiquetar correctamente una impresora y su tóner en el almacén. Para ello, debe asignar las etiquetas correspondientes con la información esencial de cada producto.**

Continúa en página siguiente >>

<< Viene de página anterior

**Los productos son los siguientes:**

I **Impresora HP LaserJet Pro MFP M428fdw**
I **Cartucho de tinta Epson 502**

**¿Cómo debe etiquetarlos si en la etiqueta deben aparecer los siguientes campos?**

I **Nombre del producto**
I **Marca y modelo**
I **Número de serie**
I **Fecha de compra**
I **Garantía (años o meses)**
I **Condiciones de almacenamiento y uso**

**SOLUCIÓN**

I Nombre del producto: impresora
I Marca y modelo: HP LaserJet Pro MFP M428fdw
I Número de serie: HPM428-56789
I Fecha de compra: 10/01/2024
I Garantía: 2 años
I Condiciones de almacenamiento y uso: ubicar en superficie plana, evitar humedad, usar consumibles originales.

I Nombre del producto: cartucho de tinta
I Marca y modelo: Epson 502
I Número de serie: EP502-89123
I Fecha de compra: 28/03/2024
I Garantía: 6 meses
I Condiciones de almacenamiento y uso: guardar en posición vertical, evitar luz solar directa y temperaturas extremas.

## 9.6. Etiquetado de consumibles: técnicas de prensado de soportes CD/DVD

El etiquetado de consumibles, como los CD, DVD y otros soportes ópticos, es fundamental para garantizar su correcta identificación, seguimiento y gestión. Estos soportes son utilizados ampliamente para almacenamiento de datos, distribución de *software,* multimedia y otros archivos, por lo que un etiquetado adecuado es esencial tanto para la organización interna como para la venta y distribución externa.

El prensado es uno de los métodos más comunes utilizados en la fabricación y etiquetado de CD y DVD. Este proceso implica la creación de una copia física de los datos en el disco mediante una presión ejercida sobre el material del soporte. A continuación, se explican las etapas y las técnicas de prensado que se utilizan en la producción de CD/DVD:

1. **Preparación del molde *(mastering)*:** el proceso de prensado comienza con la creación de un disco maestro, que contiene la información o los datos que se transferirán al soporte físico. Este disco maestro se genera mediante un proceso de *mastering,* en el que se graban los datos en una capa de material fotosensible, similar a una película fotográfica. Este disco maestro es utilizado para crear un molde metálico que servirá para replicar los discos.

2. **Creación del molde *(stamping)*:** una vez que el disco maestro ha sido creado, se utiliza para formar un molde de metal llamado *stamper.* Este molde contiene la información del disco y será utilizado en el proceso de prensado. Los *stampers* se insertan en una máquina de prensado que inserta el molde en el disco virgen.

3. **Prensado del disco:** en esta fase, los discos vírgenes de CD o DVD son colocados en una prensa de estampado. En la prensa, los *stampers* se presionan sobre la superficie del disco virgen, transfiriendo la información grabada en el disco maestro al soporte. Durante este proceso, también se coloca el diseño o la etiqueta en la parte superior del disco mediante una inyección de tinta, lo que permite que el disco tenga una capa de identificación.

4. **Impresión de la etiqueta:** a diferencia de la grabación de datos, la impresión de la etiqueta en un CD o DVD se realiza mediante una técnica de serigrafía, o utilizando sistemas más avanzados como la impresión a base de tinta UV o la impresión digital.

5. **Secado y calidad del disco:** después de prensar y etiquetar el disco, se debe secar completamente.

## 9.7. multimedia y uso de aplicadores de prensado

El término **multimedia** hace referencia a la combinación de diferentes formas de contenido (como texto, audio, imágenes, vídeo y animaciones) para transmitir información o entretenimiento. En el contexto de la producción de soportes de almacenamiento, como CD, DVD y Blu-ray, los aplicadores de prensado desempeñan un papel crucial en la creación de estos medios, permitiendo la personalización y el etiquetado de los discos de manera eficiente y profesional.

Los CD, DVD y Blu-ray son muy utilizados para almacenar y distribuir contenido multimedia, como *software,* música, películas, juegos, presentaciones y mucho más.

Los discos DVD y Blu-ray, en particular, se emplean para almacenar grandes cantidades de datos, lo que los convierte en soportes ideales para la distribución de películas en alta definición, juegos interactivos y otros contenidos multimedia de gran tamaño.

Los aplicadores de prensado son máquinas especializadas utilizadas en la fabricación de discos ópticos, como CD, DVD y Blu-ray. Estas máquinas permiten realizar dos tareas clave durante la producción de discos: la grabación de los datos y la impresión de las etiquetas o gráficos.

Los aplicadores de prensado permiten una producción de discos con una calidad óptima, tanto en la grabación de datos como en la impresión de la etiqueta. Los discos prensados son más duraderos, resistentes al desgaste y a los daños por rayaduras o exposición a la luz que los discos grabados, lo que asegura que el contenido multimedia se conserve por más tiempo.

El proceso de prensado es más rápido y eficiente que el de grabado manual, lo que permite la fabricación de grandes volúmenes de discos en menos tiempo. Esto es especialmente importante para la generación de discos multimedia a gran escala.

## 9.8. Embalaje de componentes internos de un sistema microinformático

El embalaje de los componentes de un sistema microinformático, como la placa base, procesador, memoria RAM, discos duros (HDD/SSD), tarjetas de expansión y otros componentes electrónicos, es un aspecto crucial para garantizar su protección durante el transporte, almacenamiento y distribución. Un embalaje adecuado, además de prevenir daños físicos, también ayuda a mantener la integridad de los componentes frente a los factores ambientales, como la humedad, la electricidad estática y las vibraciones.

Los componentes internos de un sistema microinformático son piezas delicadas, que son sensibles a los golpes, caídas, cambios de temperatura, humedad y descargas electrostáticas. Un embalaje inadecuado puede generar fallos de funcionamiento o incluso daños irreversibles, lo que incrementaría los costes de reparación o reemplazo. Por lo tanto, es vital seleccionar el embalaje adecuado para garantizar la calidad y la funcionalidad de estos componentes.

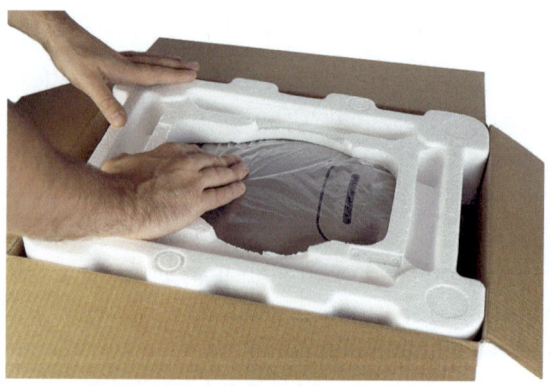

*Los equipos informáticos deben embalarse con las medidas de seguridad adecuadas para evitar daños durante el transporte.*

El embalaje de estos componentes debe cumplir algunos requisitos fundamentales:

- **Protección física:** debe proteger los componentes contra golpes y caídas. Para ello, se utilizan materiales como espumas y plásticos de burbuja, que absorben los impactos y evitan los daños a las piezas más frágiles, como los chips de memoria, procesadores o tarjetas de expansión.

- **Protección contra descargas electrostáticas:** las descargas electrostáticas (ESD) pueden dañar permanentemente los circuitos electrónicos de los componentes internos. Para prevenir esto, se deben utilizar materiales antiestáticos, como bolsas o envoltorios ESD, que están diseñados para evitar la acumulación de las cargas electrostáticas. Estas bolsas permiten que la carga se disipe de manera segura.

- **Resistencia a la humedad:** la humedad afecta negativamente a la funcionalidad de los componentes electrónicos. Los materiales de embalaje deben ser resistentes a la humedad o estar diseñados para proteger los componentes de la exposición a condiciones de humedad. Las bolsas de sílice gel se colocan dentro del embalaje para absorber la humedad y evitar el deterioro de los componentes.

- **Tamaño adecuado:** el embalaje debe ajustarse al componente para evitar que se deslice o se mueva dentro del paquete durante el transporte.

## 9.9. Embalaje de periféricos

Los periféricos son componentes externos de un sistema informático, pero son igualmente sensibles a daños físicos, como golpes, caídas, humedad, estática y cambios de temperatura. Un embalaje adecuado, además de asegurar que los dispositivos lleguen a su destino en buen estado, también facilita su manejo, almacenamiento y transporte.

Para embalar periféricos correctamente, se recomienda lo siguiente:

- **Tamaño y fragilidad:** algunos periféricos, como los monitores o impresoras, son más grandes y frágiles. Es esencial utilizar más material de amortiguación y seleccionar un embalaje más robusto para estos dispositivos.

- **Instrucciones de manejo:** algunos periféricos requieren instrucciones especiales de manejo (por ejemplo, evitar el apilamiento o el contacto con líquidos). Estas indicaciones deben ser claras y ser visibles en el embalaje.

## 9.10. Normas de almacenamiento, catalogación y conservación de componentes y periféricos de un sistema microinformático

El almacenamiento, catalogación y conservación de componentes y periféricos de un sistema microinformático son aspectos esenciales para garantizar la funcionalidad, seguridad y durabilidad de los equipos. Un manejo adecuado de estos elementos no solo optimiza el espacio y mejora el acceso a los dispositivos cuando se necesita, sino que minimiza los riesgos de daños, pérdidas y errores de funcionamiento.

Un aspecto fundamental para mantener la integridad de los componentes y periféricos es proporcionarles un entorno adecuado de almacenamiento. Los dispositivos electrónicos deben almacenarse controlando las condiciones ambientales para evitar daños debidos a temperaturas extremas, humedad o exposición a la luz. Las temperaturas recomendadas para el almacenamiento de estos equipos se encuentran entre los 18 °C y los 24 °C, mientras que la humedad relativa debe mantenerse entre el 40 % y el 60 % para evitar la condensación interna en los dispositivos. Además, el área de almacenamiento debe contar con una ventilación adecuada para prevenir el sobrecalentamiento de los equipos.

La protección contra las descargas electrostáticas (ESD) es otro factor clave que se debe tener en cuenta. Muchos componentes informáticos son extremadamente sensibles a las cargas estáticas. Por ello, se deben utilizar los contenedores antiestáticos o las bolsas ESD para almacenarlos de manera segura. Estos materiales ayudan a prevenir los posibles daños que puedan ser causados por pequeñas descargas eléctricas que son imperceptibles pero peligrosas para los circuitos internos de los dispositivos.

Los componentes deben mantenerse alejados de los agentes contaminantes como el polvo, la suciedad y los productos químicos, que puedan afectar a su funcionamiento. Los dispositivos deben guardarse en contenedores cerrados o estuches herméticos que actúen como barreras contra estos agentes. Además, es recomendable incluir elementos secantes, como gel de sílice, para evitar la humedad dentro de los contenedores.

Una correcta catalogación de los componentes y periféricos es crucial para mantener un control eficiente sobre los equipos almacenados. Cada dispositivo debe identificarse de forma única, como un número de serie y un código de barras que permita rastrear su ubicación, conocer su modelo, sus características y la evolución que ha tenido con el paso del tiempo. Esto facilita la gestión del inventario y garantiza un acceso rápido a la información y al propio componente.

Es recomendable utilizar un sistema de gestión de inventarios que permita registrar, clasificar y realizar un seguimiento de todos los dispositivos. Este sistema debe contener los datos clave como el nombre y modelo del componente, el número de serie, la fecha de adquisición, el estado (nuevo, reparado, desechado, etc.), la ubicación en el almacén y el historial de mantenimiento o reparaciones. Mantener esta información organizada y actualizada es vital para la correcta administración de los equipos.

Los componentes y periféricos deben clasificarse de manera lógica para facilitar su localización y evitar posibles confusiones. La clasificación puede realizarse por tipo de dispositivo (por ejemplo, placas base, monitores, teclados, ratones, etc.), por modelo, marca o por cualquier otro sistema específico que se ajuste a las necesidades de la empresa o al área de almacenamiento.

**Normas de conservación de componentes y periféricos**

La conservación de los componentes y periféricos no solo implica almacenarlos adecuadamente, sino también realizar un mantenimiento preventivo para garantizar su correcto funcionamiento con el paso del tiempo. Esto incluye la limpieza regular de los dispositivos, ya que el polvo y la suciedad pueden acumularse en los circuitos, afectando su rendimiento. Para su limpieza, se deben utilizar productos apropiados, como aire comprimido o paños antisépticos, que no dañen las superficies ni los componentes.

Además, se deben verificar periódicamente los dispositivos para detectar posibles daños o fallos funcionales. Si se encuentran componentes dañados, estos deben ser reemplazados de inmediato para evitar interrupciones en el sistema y garantizar que todos los dispositivos funcionen. En el caso de que un componente no sea funcional, debe eliminarse de manera segura para evitar que ocupe un espacio en el almacén.

Para aquellos componentes que no se utilizan con frecuencia, como repuestos o piezas de reemplazo, es importante aplicar normas de almacenamiento a largo plazo. Estos dispositivos deben ser desconectados de cualquier fuente de energía y guardados en un lugar adecuado donde se mantengan en condiciones óptimas, con la temperatura y humedad adecuadas. El uso de contenedores sellados y paquetes desecantes ayuda a preservar estos componentes durante períodos prolongados.

El área de almacenaje debe estar protegida adecuadamente para evitar los robos o el vandalismo. Para ello, se pueden implementar sistemas de seguridad como cámaras de vigilancia, alarmas o controles de acceso. Además, los empleados responsables de la manipulación de los componentes y periféricos deben recibir la formación adecuada sobre las precauciones de seguridad, tanto para proteger los dispositivos como para evitar accidentes relacionados con los equipos electrónicos.

## 9.11. Precauciones a considerar en el traslado de sistemas microinformáticos

El movimiento de equipos de sistemas microinformáticos es un proceso delicado que requiere de un cuidado especial para garantizar la seguridad y la funcionalidad de los equipos involucrados. Debido a la sensibilidad de los componentes electrónicos, es fundamental tomar ciertas precauciones para evitar daños físicos, pérdida de datos o interrupciones en el funcionamiento de los sistemas durante el transporte. Las principales precauciones que se deben tener en cuenta al realizar el traslado de los sistemas microinformáticos son:

- **Evaluación previa al traslado:** antes de proceder con el traslado de cualquier equipo informático, es esencial realizar una evaluación del estado de los sistemas a transportar. Esto incluye identificar todos los componentes que se trasladarán, como torres de los ordenadores, pantallas, teclados, ratones, impresoras y otros periféricos. También se debe verificar el estado de los dispositivos, comprobando que no presenten daños visibles ni fallos funcionales, ya que esto podría agravar los riesgos durante el traslado.

- **Desconexión y desmontaje de componentes:** antes de trasladar un equipo microinformático, se deben desconectar todos los cables de alimentación, datos y periféricos. Es recomendable anotar el cableado, etiquetando cada uno de los cables para facilitar el proceso de reconexión en el destino. Además, se debe considerar el desmontaje de los componentes sensibles, como discos duros, tarjetas de memoria o unidades de almacenamiento, y trasladarlos por separado en embalajes independientes para reducir el riesgo de daños.

- **Uso de embalaje adecuado:** el embalaje adecuado es clave para proteger los componentes durante el traslado. Los sistemas microinformáticos deben embalarse usando materiales protectores que absorban los impactos y las vibraciones, como burbujas, espuma protectora o bolsas antiestáticas. Para las torres de los ordenadores y otros componentes internos delicados, es recomendable utilizar cajas rígidas y asegurarse de que el equipo está bien fijado dentro de ellas para evitar cualquier movimiento excesivo. En el caso de los monitores, es esencial utilizar embalajes específicos que los protejan contra los golpes y presiones. Los monitores deben envolverse en materiales suaves y colocarse dentro de cajas diseñadas específicamente para estos equipos. Además, los periféricos como teclados, ratones e impresoras deben embalarse de manera similar, asegurando que no se dañen durante el traslado.

- **Protección contra cargas electroestáticas (ESD):** los sistemas informáticos son altamente sensibles a las descargas electrostáticas (ESD), que pueden dañar los componentes electrónicos. Durante su traslado, es fundamental utilizar materiales antiestáticos como bolsas ESD o fundas conductoras para envolver las partes más delicadas del sistema, como las placas base, las tarjetas de memoria o los discos duros. Estos materiales ayudan a evitar que las cargas estáticas afecten al funcionamiento de los dispositivos.

- **Estabilidad y seguridad en el transporte:** una vez embalados, los equipos deben transportarse en un vehículo adecuado, donde se garantice su estabilidad durante el trayecto. Es importante asegurarse de que las cajas estén aseguradas y no se deslicen ni se caigan durante el viaje. Si el traslado se realiza en un vehículo con compartimentos, se debe verificar que estos espacios están acolchados para ofrecer una mayor protección.

En caso de que el transporte se realice manualmente, es fundamental evitar los movimientos bruscos, las caídas o las inclinaciones que puedan dañar los dispositivos.

- **Manejo durante el traslado:** durante el proceso de traslado, es necesario manipular todos los equipos con cuidado. Esto incluye levantar y mover las cajas con los medios adecuados, evitando los movimientos bruscos. Los sistemas informáticos, especialmente aquellos cuyos componentes internos son frágiles, como los discos duros, pueden dañarse por un impacto o un movimiento inapropiado. Se recomienda usar carros o medios de transporte que permitan un manejo más seguro y controlado.

- **Condiciones ambientales:** se deben considerar las condiciones ambientales durante el traslado de los equipos. Los sistemas microinformáticos deben evitar la exposición a temperaturas extremas, humedad excesiva o lluvia. Por lo que es recomendable trasladar los equipos en vehículos cerrados que los protejan de estos factores. Si el traslado se realiza a través de una empresa de mensajería o transporte, se debe verificar que el equipo está protegido adecuadamente y que se toman las medidas oportunas para evitar cualquier daño relacionado con las condiciones climatológicas.

- **Verificación postraslado:** una vez que los equipos han llegado a su destino, se debe realizar una verificación completa de su estado antes de instalarlos de nuevo. Esto incluye revisar los componentes internos para asegurarse de que no han sufrido daños durante el transporte y comprobar que los cables, periféricos y dispositivos están intactos. En caso de que se detecten problemas, se deben documentar para tomar las medidas correctivas oportunas.

- **Formación en manipulación de cargas:** es importante que el personal responsable del traslado de los sistemas microinformáticos reciba una formación adecuada sobre las precauciones que debe tomar durante este proceso. Esto incluye conocimientos sobre el manejo correcto de los equipos, el uso de materiales de embalaje adecuados y las medidas de seguridad necesarias para proteger los dispositivos.

## Actividades

11. Investigue sobre las recomendaciones establecidas en la Guía técnica para la evaluación y prevención de los riesgos relativos a la manipulación manual de cargas.

## Aplicación práctica

**Una empresa necesita trasladar su departamento de TI a una nueva oficina. El equipo de técnicos debe transportar varios sistemas microinformáticos, incluyendo equipos de escritorio, servidores, monitores, impresoras y periféricos.**

**¿Qué riesgos están asociados al traslado de los equipos?**

**¿Qué precauciones se deben seguir para proteger los equipos durante el traslado?**

**¿Qué medidas se podrían desarrollar en el caso de que un equipo sufra daños durante el traslado?**

**SOLUCIÓN**

Identificación de riesgos:

I Golpes y caídas: pueden dañar componentes internos sensibles.
I Descargas electrostáticas: pueden afectar a los circuitos electrónicos de los dispositivos.
I Desconexión incorrecta: puede causar la pérdida de datos o fallos en el *hardware.*
I Manejo inadecuado de cables: enredos o daños en conexiones.
I Condiciones ambientales: polvo, humedad o temperaturas extremas.

Precauciones necesarias:

I Apagar y desconectar todos los equipos antes del traslado.
I Realizar una copia de seguridad de los datos esenciales.
I Desmontar los periféricos y cables, etiquetándolos para facilitar la reinstalación.
I Utilizar los embalajes adecuados.
I Transportar los equipos en posición estable para evitar golpes.
I Evitar apilar los monitores y otros dispositivos frágiles sin protección adecuada.

Continúa en página siguiente >>

‹‹ Viene de página anterior

Medidas en caso de daños durante el traslado:

I Inspeccionar el equipo visualmente antes de encenderlo.
I Revisar los cables y conexiones en busca de daños.
I Si un equipo no enciende o presenta fallos, verificar su garantía y contactar con el soporte técnico.
I En caso de pérdida de datos, utilizar la copia de seguridad realizada antes del traslado.

## 10. Gestión, eliminación o reciclaje de los residuos

La gestión adecuada de los residuos es un factor clave para reducir el impacto ambiental y fomentar prácticas sostenibles en el sector microinformático. La correcta separación y eliminación de residuos permite optimizar los procesos de reciclaje, minimizar la contaminación y aprovechar al máximo los recursos disponibles.

Para llevar a cabo una correcta eliminación o reciclaje de los residuos, es fundamental clasificarlos según su naturaleza. Los principales tipos son:

- **Residuos orgánicos:** restos de comida, cáscaras de frutas y verduras, residuos de jardinería. Pueden compostarse para generar abono natural.
- **Residuos reciclables:** materiales como papel, cartón, vidrio, plástico y metales. Deben ser separados y enviados a los centros de reciclaje adecuados.
- **Residuos peligrosos:** pilas, baterías, productos químicos, electrónicos y medicamentos caducados. Estos requieren un tratamiento especial para evitar daños medioambientales.
- **Residuos no reciclables:** aquellos que no pueden reutilizarse ni reciclarse, como los envases contaminados o textiles con aceites o grasa.

Una gestión eficiente de los desechos implica seguir una serie de buenas prácticas que faciliten su gestión y favorezcan la sostenibilidad:

- **Uso de contenedores específicos:** separar los residuos en contenedores identificados según su tipo (orgánicos, plásticos, papel, vidrio, residuos peligrosos).
- **Implantación de programas de reciclaje:** participación en iniciativas que fomenten el reciclaje o el reaprovechamiento de los materiales.
- **Reducción del consumo de plásticos y materiales no biodegradables:** uso de alternativas reutilizables o biodegradables para reducir la generación de residuos.

Un adecuado manejo de los residuos tiene múltiples ventajas, tanto para el medioambiente como para la sociedad:

- **Reducción de la contaminación:** reducir la cantidad de basura en vertederos y la liberación de sustancias tóxicas al suelo y agua.
- **Ahorro de recursos naturales:** el reciclaje de materiales como el papel o el vidrio reduce la necesidad de explotar nuevos recursos primarios.
- **Generación de empleo y economía circular:** la industria del reciclaje crea oportunidades laborales y promueve un modelo de producción más sostenible.
- **Mejor calidad de vida:** un entorno más limpio y saludable contribuye al bienestar general de la población.

*Los equipos informáticos deben ser colocados en un contenedor específico para su adecuada recuperación, evitando daños al medioambiente o permitiendo su reutilización.*

La recolección y eliminación adecuada de los residuos es una responsabilidad compartida que requiere de la colaboración de los individuos, empresas y gobiernos. Implementar buenas prácticas responsables en la gestión de los residuos no solo reduce la contaminación, sino que también permite aprovechar los materiales de manera eficiente y fomentar una cultura de sostenibilidad. Adoptar hábitos como la separación de residuos, el reciclaje y la reducción del consumo de plásticos es un paso fundamental hacia un futuro más limpio y ecológico.

# 11. Resumen

Cada equipo, periférico o consumible debe tener una etiqueta con información clave en la que se recoja su nombre, número de serie, fecha de adquisición, proveedor, instrucciones especiales, etc. Las etiquetas deben ser resistentes al agua y al desgaste, especialmente en los cartuchos de tinta.

Los embalajes deben proteger los equipos contra factores como golpes, polvo, humedad y electricidad electrostática. En los equipos electrónicos, se recomienda el uso de cajas de cartón reforzado o embalajes originales con materiales adicionales como espuma antiestática.

Para periféricos y consumibles, se emplean bolsas selladas o envoltorios individuales que eviten los derrames o contaminación.

Los equipos y periféricos deben guardarse en espacios limpios, secos y libres de humedad. Es aconsejable mantener el control de la temperatura y humedad atendiendo a las especificaciones de almacenaje de los fabricantes.

Un albarán es un documento que certifica la entrega de los materiales, incluyendo los datos del proveedor, número y fecha del albarán, descripción de los productos y firma de la recepción. Existen distintos tipos, como el valorado, sin valorar, de devolución y de entrega parcial.

Los programas de etiquetado facilitan la personalización de las etiquetas con información específica, códigos de barras y QR, integrándose con distintos sistemas de gestión para mejorar la eficiencia en la identificación y el control de los equipos.

El correcto manejo de los equipos en cada etapa —etiquetado, embalaje, almacenamiento y traslado— garantiza la protección, la eficiencia y la disponibilidad de los equipos, periféricos y consumibles, optimizando su gestión y reduciendo costes operativos.

La gestión adecuada de los residuos es responsabilidad de todos: individuos, empresas y gobiernos. Las buenas prácticas responsables reducen la contaminación y promueven la sostenibilidad, por lo que separar los residuos, reciclar y reducir el uso de plásticos son pasos clave hacia un futuro más limpio y ecológico.

Ejercicios de repaso y autoevaluación

1. **Indique si las siguientes afirmaciones son verdaderas o falsas.**

   a. Se recomienda etiquetar todos los productos con información clara y legible.

   ☐ Verdadero
   ☐ Falso

   b. Los equipos, periféricos o consumibles no deben tener ninguna etiqueta adherida a los equipos.

   ☐ Verdadero
   ☐ Falso

   c. El embalaje debe ser lo más económico posible y no incluir las instrucciones de uso del equipo.

   ☐ Verdadero
   ☐ Falso

2. **Cumplimente los espacios faltantes en la siguiente afirmación:**

   El _____ de los equipos y _____ debe realizarse en un espacio _____, _____ y libre de _____ para evitar su _____ o _____.

3. **Enumere dos tipos distintos de embalajes utilizados en la protección de equipos y periféricos.**

   _____
   _____
   _____
   _____
   _____
   _____
   _____

**4. ¿Cuál es la finalidad principal del etiquetado en los equipos, periféricos y consumibles tecnológicos?**

    a. Identificar el producto.
    b. Proteger el producto contra golpes.
    c. Garantizar su vida útil.
    d. Las opciones a y c son correctas.

**5. ¿Qué material se recomienda para las etiquetas en casos de alta humedad?**

    a. Papel
    b. Plástico
    c. Vinílico
    d. Tinta impresa en madera

**6. ¿Qué tipo de embalaje protege los equipos contra las descargas electrostáticas?**

    a. Cajas de cartón reforzado
    b. Bolsas antiestáticas (ESD)
    c. Espuma moldeada
    d. Plástico de burbuja

**7. ¿Cómo se denomina el proceso de grabación de datos en un disco óptico?**

    a. Prensa digital
    b. Grabado
    c. *Mastering*
    d. *Pericarp*

**8. ¿Qué es un albarán de devolución?**

    a. Justificante de compra emitido por el cliente.
    b. Justificante de reparación de equipos informáticos.
    c. Justificante de entrega de productos al proveedor.
    d. Justificante de registro de salida de productos al proveedor.

9.  **Cumplimente los espacios faltantes en la siguiente afirmación:**

Las _____ cubren los _____ de fábrica y no el _____
natural de los _____. Algunos fabricantes _____ la
_____ si no se usan productos _____.

10. **¿Qué técnica se usa para grabar datos en discos?**

    a. Prensado de datos
    b. Grabación diferida
    c. Impresión UV
    d. Grabación incremental

Capítulo 7
# Tratamiento de residuos informáticos

# Contenido

1. Introducción
2. Ciclo de vida de los equipos informáticos
3. Real Decreto 208/2005, sobre aparatos eléctricos y electrónicos y la gestión de sus residuos
4. Real Decreto 106/2008, sobre pilas y acumuladores y la gestión ambiental de sus residuos
5. Resumen

# 1. Introducción

El tratamiento de los residuos informáticos es un aspecto clave dentro de la gestión ambiental, ya que estos desechos contienen materiales valiosos y sustancias contaminantes. Los dispositivos electrónicos tienen una vida útil limitada, lo que genera una gran cantidad de residuos tecnológicos que deben manejarse de forma adecuada para reducir su impacto en el medioambiente.

El reciclaje y la reutilización de estos equipos permiten recuperar componentes como plásticos, metales y circuitos, evitando la extracción de nuevos recursos y minimizando la contaminación. Además, el tratamiento selectivo de materiales peligrosos, como el mercurio, el plomo y el cadmio presentes en algunas piezas, es esencial para evitar daños en los ecosistemas y en la salud humana. Por ello, es fundamental que estos residuos se gestionen en centros especializados que garanticen su correcta descontaminación y reaprovechamiento.

La recogida selectiva, la reparación y la recuperación de los equipos en buen estado pueden extender su vida útil y reducir la cantidad de desechos generados. Asimismo, las normativas ambientales exigen a los productores asumir la responsabilidad sobre el reciclaje de sus productos, impulsando modelos más sostenibles dentro de la industria tecnológica.

# 2. Ciclo de vida de los equipos informáticos

El ciclo de vida de los equipos informáticos abarca todas las etapas por las que pasa un dispositivo tecnológico, desde su fabricación hasta su retirada. Conocer este proceso es fundamental para comprender su impacto ambiental y social, así como para aplicar estrategias de reutilización y reciclaje que minimicen los residuos electrónicos.

## 2.1. Obsolescencia programada

La **obsolescencia programada** es una estrategia utilizada por algunos fabricantes para reducir intencionadamente la vida útil de los productos tecnológicos, obligando a los consumidores a reemplazarlos con mayor frecuencia. Esto genera un aumento en la producción y el consumo, pero también provoca una gran cantidad de residuos electrónicos.

Existen diferentes tipos de obsolescencia programada que afectan a los equipos informáticos; se muestran a continuación.

### Obsolescencia de *hardware*

Sucede cuando los componentes físicos de un equipo dejan de ser compatibles con las nuevas tecnologías o tienen una vida útil limitada. Por ejemplo:

- Un portátil antiguo no puede ejecutar un *software* moderno porque su procesador no es lo suficientemente potente o porque su memoria RAM es insuficiente.
- Algunos fabricantes de impresoras incluyen chips en los cartuchos de tinta que impiden su uso después de un número determinado de impresiones, aunque aún tengan tinta disponible.

### Obsolescencia de *software*

Ocurre cuando los sistemas operativos o programas dejan de recibir actualizaciones y se vuelven incompatibles con el *hardware* o con las nuevas aplicaciones. Por ejemplo:

- Un *smartphone* que ya no recibe actualizaciones de seguridad, con lo que se vuelve vulnerable a ciberataques y su uso se ve limitado en nuevas aplicaciones.
- *Microsoft* dejó de dar soporte a *Windows 7* en 2020, lo que obligó a muchas empresas a actualizar sus equipos o a comprar otros nuevos.

### Obsolescencia estética o percibida

Se basa en una estrategia de *marketing* que hace que los consumidores deseen productos más recientes, aunque los actuales sigan funcionando perfectamente. Por ejemplo:

- Un usuario cambia su ordenador solo porque ha salido un modelo más delgado y con pantalla táctil, aunque su equipo sigue funcionando correctamente.
- Empresas como *Apple* y *Samsung* lanzan nuevos modelos de teléfonos cada año con pequeños cambios en el diseño y nuevas funciones, incentivando a los consumidores a comprar el último modelo.

### Obsolescencia inducida o por incompatibilidad

Se da cuando los fabricantes restringen la compatibilidad de accesorios o componentes con nuevos modelos, obligando a los usuarios a comprar productos específicos. Por ejemplo:

- Un usuario no puede conectar sus audífonos con cable a un nuevo modelo de teléfono porque la marca eliminó el puerto de audio, obligándole a comprar audífonos inalámbricos.
- *Apple* eliminó el puerto de carga universal a favor de su tecnología propietaria *lightning,* lo que obligó a los usuarios a comprar nuevos cables y adaptadores.

La obsolescencia programada tiene un impacto significativo, tanto en el medioambiente como en la economía y en la sociedad. Al reducir intencionadamente la vida útil de los dispositivos, se genera un aumento en la producción de residuos electrónicos, se incrementa el consumo de recursos naturales y se afecta la economía de los consumidores, quienes deben reemplazar sus equipos con mayor frecuencia. Además, esta práctica limita el acceso a la tecnología en comunidades con menos recursos y contribuye a una cultura de consumo desechable que perjudica la sostenibilidad del planeta.

Para contrarrestar los efectos negativos de la obsolescencia programada, es fundamental adoptar estrategias que fomenten la **durabilidad, la reutilización y la reparación** de los dispositivos electrónicos. Estas alternativas buscan extender la vida útil de los equipos informáticos, reducir la generación de residuos electrónicos y promover un consumo más responsable. A través de iniciativas como el derecho a reparar, el uso de *software* libre, el reacondicionamiento de dispositivos y una mayor conciencia en las decisiones de compra, es posible minimizar el impacto ambiental y económico de la constante renovación tecnológica.

*Ifixit es una plataforma que trabaja sobre el derecho a reparar
y en la que se pueden encontrar multitud de manuales de
reparación de distintos dispositivos electrónicos.*

## 2.2. La Unión Europea y el derecho a reparar

En los últimos años, la Unión Europea (UE) ha implementado una serie de normativas para combatir la obsolescencia programada y fomentar una economía más sostenible basada en la reparación, reutilización y reciclaje de productos electrónicos. Una de las iniciativas más destacadas en este ámbito es el **derecho a reparar,** un conjunto de regulaciones que busca garantizar que los consumidores puedan arreglar sus dispositivos en lugar de reemplazarlos prematuramente.

El derecho a reparar es una legislación que obliga a los fabricantes a diseñar productos más duraderos y a proporcionar acceso a repuestos, manuales de reparación y herramientas necesarias para que los consumidores y los talleres independientes puedan reparar los dispositivos sin depender exclusivamente de los servicios oficiales de la marca.

Los principales objetivos de esta iniciativa son los siguientes:

- Reducir la cantidad de residuos electrónicos en Europa.
- Facilitar y abaratar la reparación de productos tecnológicos.
- Promover un modelo de consumo más sostenible y circular.
- Empoderar a los consumidores con mayor control sobre sus dispositivos.

La UE ha tomado diversas medidas para hacer efectivo el derecho a reparar:

- **Reglamento de ecodiseño (2021):** exige a los fabricantes de los electrodomésticos (como lavadoras, televisores y refrigeradores) ofrecer repuestos y manuales de reparación durante al menos 10 años después de la compra.

- **Expansión a productos electrónicos (2024-2025):** se prevé la inclusión de teléfonos móviles, *laptops* y otros dispositivos electrónicos dentro de la normativa, obligando a las marcas a garantizar reparaciones accesibles.
- **Etiquetado de reparabilidad:** se está evaluando la implementación de un sistema similar al de la eficiencia energética, donde los productos tengan una puntuación de reparabilidad que ayude a los consumidores a elegir equipos más duraderos.
- **Prohibición de prácticas de obsolescencia programada:** se busca establecer sanciones para las empresas que diseñen productos con fallos intencionados o limitaciones injustificadas en su reparabilidad.

## 3. Real Decreto 208/2005, sobre aparatos eléctricos y electrónicos y la gestión de sus residuos

El Real Decreto 208/2005 regulaba la gestión de los residuos de los aparatos eléctricos y electrónicos (RAEE) con el objetivo de minimizar su impacto ambiental y fomentar su reutilización y reciclaje.

La normativa establece la responsabilidad de los fabricantes, distribuidores y consumidores en la correcta recogida, tratamiento y eliminación de estos residuos, promoviendo un modelo de economía circular en el sector tecnológico. Establece medidas específicas que tratan de garantizar que los productos sean diseñados con criterios de sostenibilidad y que, al final de su vida útil, puedan tratarse de manera segura y eficiente.

Este Real Decreto 208/2005, para ser adaptado a los requerimientos de la normativa europea, fue derogado por el Real Decreto 110/2015, de 20 de febrero, sobre residuos de aparatos eléctricos y electrónicos. Su principal objetivo es reducir el impacto ambiental de estos residuos mediante la prevención, reutilización, reciclaje y valorización de los materiales, promoviendo una economía circular y disminuyendo la generación de desechos tecnológicos.

La normativa establece, entre otras obligaciones para los fabricantes de los aparatos eléctricos y electrónicos, la financiación de la recogida y el tratamiento de los residuos que generen sus productos al final de su vida útil, asegurando su correcta gestión. Además, los distribuidores están obligados a facilitar la recogida gratuita de los residuos de los aparatos eléctricos y electrónicos (RAEE) en el momento de la compra de un nuevo dispositivo, fomentando la recogida selectiva y evitando su eliminación inadecuada.

Este Real Decreto también define los puntos de recogida y tratamiento de estos residuos, estableciendo un sistema de control y trazabilidad para garantizar su correcto reciclaje. De la misma manera, refuerza la información y sensibilización hacia los consumidores sobre la importancia de la gestión responsable de los RAEE. Además, la normativa endurece las sanciones para quienes incumplan sus disposiciones, contribuyendo a una mayor protección del medioambiente y a la reducción de la contaminación debida a los residuos electrónicos.

## 3.1. Objeto, ámbito de aplicación y definiciones

La norma se estructura en once capítulos, que se ordenan siguiendo las etapas que van desde la aparición de los aparatos eléctricos y electrónicos en el mercado a la recogida y gestión de los residuos de estos aparatos.

### Objeto

El Real Decreto 110/2015, de 20 de febrero, tiene como finalidad establecer la normativa para la gestión adecuada de los residuos de aparatos eléctricos y electrónicos (RAEE) en España. Su principal objetivo es minimizar el impacto ambiental de estos residuos, fomentando su recogida, reutilización, reciclaje y valorización, en línea con los principios de la economía circular.

Este real decreto busca mejorar la eficiencia en la gestión de los RAEE, reduciendo la cantidad de residuos generados, asegurando su tratamiento adecuado. Para ello, determina las responsabilidades específicas a los fabricantes, distribuidores, gestores de residuos y consumidores, promoviendo prácticas sostenibles y la recuperación de materiales valiosos.

## Ámbito de aplicación

El real decreto se aplica a todos los aparatos eléctricos y electrónicos (AEE) que se comercialicen en España, incluyendo aquellos de uso doméstico, profesional e industrial. Dentro de su alcance, se encuentran equipos como:

- Electrodomésticos grandes y pequeños.
- Equipos de informática y telecomunicaciones.
- Aparatos de consumo, televisores y radios.
- Dispositivos de iluminación, herramientas eléctricas y equipos médicos.
- Juguetes electrónicos, aparatos de medición y sistemas de vigilancia.

Esta normativa también se aplica a los productos que contienen componentes electrónicos integrados y establece normativas para su correcta recolección y procesamiento al final de su vida útil.

## Definiciones clave

El Real Decreto 110/2015 introduce algunos términos esenciales para comprender su aplicación, entre los que destacan:

- **Aparatos eléctricos y electrónicos (AEE):** dispositivos que dependen de la corriente eléctrica o de los campos electromagnéticos para su funcionamiento.
- **Residuos de aparatos eléctricos y electrónicos (RAEE):** cualquier AEE que haya sido desechado por un usuario final y que requiera de un tratamiento especial.
- **Productor de AEE:** persona o empresa que fabrica, importa o comercializa dispositivos eléctricos o electrónicos en el mercado español.
- **Gestor de RAEE:** entidad autorizada para la recogida, almacenamiento, tratamiento y reciclaje de estos residuos.
- **Recogida selectiva:** sistema que permite la separación y almacenamiento diferenciado de los RAEE para su posterior reciclaje.

## 3.2. Tratamiento de residuos

El Real Decreto 110/2015, de 20 de febrero, establece las medidas para el adecuado tratamiento de los residuos de aparatos eléctricos y electrónicos (RAEE) con el objetivo de minimizar su impacto ambiental y promover la **reutilización** de materiales. Este tratamiento debe realizarse en instalaciones autorizadas, siguiendo los procedimientos específicos que permitan la recuperación de los componentes útiles y una correcta eliminación de las sustancias peligrosas.

El tratamiento de los RAEE se basa en tres principios fundamentales: **reutilización, reciclaje y valorización.** Antes de ser desmontados o procesados, los aparatos deben evaluarse para determinar si pueden ser reparados y reutilizados, prolongando así su vida útil. En caso de no poder reutilizarse, se debe proceder a su reciclaje, extrayendo y separando los materiales como metales, plásticos y vidrios para su posterior reincorporación a nuevos procesos de fabricación. Aquellos residuos que no puedan ser reciclados se destinarán a los procesos de valorización energética, donde se aprovecha su contenido energético para la generación de electricidad o calor.

*Un correcto reciclaje ayuda a mejorar el medioambiente y a evitar el consumo de nuevas materias primas.*

El real decreto define algunos requisitos específicos para el tratamiento selectivo de los materiales y componentes peligrosos, como baterías, condensadores con mercurio, tubos de rayos catódicos y sustancias que dañan la capa de ozono. Estos elementos deben extraerse y gestionarse de manera segura para evitar la contaminación del suelo y del agua. Además, esta norma refuerza el control sobre las instalaciones de tratamiento, exigiendo certificaciones y sistemas de seguimiento que garanticen una correcta gestión de los residuos.

## Recuerde

El tratamiento de los RAEE, según el Real Decreto 110/2015, busca reducir el impacto ambiental de estos residuos, optimizar el aprovechamiento de materiales y fomentar una economía circular, en la que los recursos se reutilicen de manera eficiente y sostenible.

## 3.3. Operaciones de tratamiento: reutilización, reciclado, valorización energética y eliminación

El Real Decreto 110/2015 establece una jerarquía en la gestión de los residuos de los aparatos eléctricos y electrónicos (RAEE) con el objetivo de minimizar su impacto ambiental y maximizar la recuperación de los materiales. Para ello, define cuatro operaciones principales de tratamiento: reutilización, reciclado, valorización energética y eliminación.

### Reutilización

La reutilización es la operación que consiste en dar una segunda vida a los aparatos eléctricos y electrónicos que aún puedan ser utilizados, ya sea mediante su reparación o mediante su reacondicionamiento. Este proceso reduce la generación de residuos y prolonga la vida útil de los dispositivos. Según la normativa, los RAEE recogidos deben evaluarse para determinar si pueden ser reutilizados antes de someterlos a otros procesos de tratamiento.

### Reciclado

El reciclaje es la transformación de los materiales contenidos en los RAEE en nuevas materias primas reutilizables. Esto implica la recogida, desmontaje y separación de los diferentes componentes (plásticos, metales, vidrio, etc.), evitando el desperdicio de recursos y reduciendo la extracción de materiales vírgenes. La normativa exige que un porcentaje mínimo de los RAEE recogidos se destine al reciclaje, contribuyendo así a la economía circular y reduciendo la contaminación.

## Valorización energética

Cuando los residuos no puedan ser reutilizados ni reciclados, se deberán aprovechar para la valorización energética, un proceso en el cual los materiales con poder calorífico se utilizan como fuente de energía en industrias como la cementera o la producción de electricidad. Este método permite recuperar parte de la energía contenida en los residuos, reduciendo el uso de combustibles fósiles. Sin embargo, esta opción solo se contempla cuando no es viable la reutilización o el reciclaje.

## Eliminación

La eliminación es la última opción en la jerarquía del tratamiento de los RAEE y solo debe emplearse cuando no existan alternativas viables. Consiste en el depósito controlado en vertederos especializados, asegurando que los residuos peligrosos no contaminen el medioambiente. La normativa establece unos requisitos estrictos para la eliminación de los RAEE, prohíbe el vertido incontrolado y exige el cumplimiento de medidas de seguridad para evitar la liberación de sustancias tóxicas.

 Sabía que...

La entrada o salida del territorio nacional de los residuos de los aparatos eléctricos y electrónicos para su tratamiento se ajustará a las normas sobre traslado de residuos establecidas en el propio Real Decreto 110/2015, sobre residuos, y en el Reglamento (CEE) 1013/2006, de 14 junio de 2006, relativo al traslado de residuos.

## 3.4. Categorías de aparatos eléctricos o electrónicos

El Real Decreto 110/2015, de 20 de febrero, establece una clasificación de los aparatos eléctricos y electrónicos (AEE) en función de su uso y características. Esta clasificación es fundamental para organizar su correcta gestión y reciclaje una vez que se convierten en residuos de aparatos eléctricos y electrónicos (RAEE).

La reorganización de los AEE en estas seis categorías permite mejorar la trazabilidad y la eficiencia en la gestión de residuos, facilitando su recogida selectiva y su posterior tratamiento. Además, esta clasificación ayuda a los fabricantes y distribuidores a cumplir con sus responsabilidades en la financiación y gestión del reciclaje de estos productos, garantizando una menor contaminación y un mayor aprovechamiento de materiales reutilizables.

*Los componentes electrónicos deben depositarse en los contenedores específicos y no dentro de los destinados a la basura orgánica.*

### Nuevas categorías de AEE

A partir del 15 de agosto de 2018, el real decreto adoptó una clasificación de seis categorías para los AEE, reemplazando la clasificación anterior de diez categorías. Estas nuevas categorías agrupan los dispositivos según su tamaño y funcionalidad, facilitando su recolección y tratamiento:

1. **Aparatos de intercambio de temperatura:** dispositivos que utilizan fluidos para enfriar o calentar, como frigoríficos, congeladores, aires acondicionados, bombas de calor y deshumidificadores.
2. **Monitores, pantallas y aparatos con superficies de visualización superior a 100 cm²:** abarcan televisores, monitores de ordenador, pantallas electrónicas y dispositivos con pantallas táctiles de gran tamaño.

3. **Lámparas:** tubos fluorescentes, lámparas de descarga de sodio, lámparas LED y otras fuentes de iluminación que contienen componentes electrónicos.

4. **Grandes aparatos electrónicos (con al menos una dimensión superior a 50 cm):** electrodomésticos como lavadoras, lavavajillas, cocinas eléctricas, fotocopiadoras, máquinas expendedoras y equipos de gimnasia eléctrica.

5. **Pequeños aparatos electrónicos (ninguna dimensión superior a 50 cm):** aspiradoras, microondas, tostadoras, secadores de pelo, relojes, básculas y otros dispositivos de pequeño tamaño utilizados en el hogar o el trabajo.

6. **Pequeños aparatos electrónicos de informática y telecomunicaciones (ninguna dimensión superior a 50 cm):** teléfonos móviles, ordenadores portátiles, routers, teclados, ratones, impresoras pequeñas y otros equipos electrónicos portátiles.

 Aplicación práctica

Una empresa de reciclaje recibe una variedad de dispositivos electrónicos para su procesamiento. El objetivo es clasificar correctamente los residuos electrónicos para asegurar que se gestionen de manera segura y eficiente, de acuerdo con las regulaciones ambientales. A continuación, se presenta una lista de dispositivos electrónicos y componentes que han sido entregados para su reciclaje:

1. Refrigerador viejo (sin uso)
2. Batería de teléfono móvil (roto)
3. Ordenador portátil (fuera de servicio)
4. Cargador de móvil (con cable cortado)
5. Pantalla de televisión (plana, rota)
6. Placa base de ordenador (sin componentes)
7. Micrófono de ordenador (en desuso)
8. Altavoces de ordenador (dañados)

**SOLUCIÓN**

I Aparatos de gran tamaño: refrigerador viejo, pantalla de televisión.
I Aparatos de pequeño tamaño: no existen.

Continúa en página siguiente >>

<< Viene de página anterior

▮ Equipos informáticos y de telecomunicaciones: ordenador portátil.
▮ Componentes de equipos electrónicos: batería de teléfono móvil, cargador de móvil, placa base de ordenador, micrófono de ordenador, altavoces de ordenador.

---

## 3.5. Tratamiento selectivo de materiales y componentes

El Real Decreto 110/2015, en su compromiso con la gestión adecuada de los residuos de los aparatos eléctricos y electrónicos (RAEE), establece la necesidad de un tratamiento selectivo de los materiales y componentes para minimizar los riesgos ambientales y recuperar los materiales valiosos. Este proceso es fundamental para garantizar que los residuos electrónicos se gestionan de manera segura y eficiente, evitando la contaminación del suelo, el agua y el aire.

### Componentes que requieren un tratamiento selectivo

El real decreto establece que ciertos materiales y componentes deben extraerse y tratarse de forma diferenciada debido a su potencial contaminante o a la posibilidad de reciclaje. Entre ellos se encuentran los siguientes:

- **Sustancias peligrosas,** como mercurio, plomo y cadmio, presentes en lámparas fluorescentes, baterías y pantallas de rayos catódicos.
- **Condensadores con PCB,** que contienen sustancias altamente contaminantes y que deben eliminarse bajo estrictas normas de seguridad.
- **Gases refrigerantes y espumas aislantes,** utilizados en los equipos de refrigeración y climatización, que pueden contribuir al cambio climático si no se tratan adecuadamente.
- **Plásticos con retardantes de llama bromados,** que requieren de un procesamiento especial para evitar la liberación de sustancias tóxicas.
- **Paneles fotovoltaicos,** cuya recuperación de materiales como el silicio y la plata permite su reutilización en nuevos dispositivos.

## Procesos de tratamiento

El tratamiento de estos componentes se desarrolla en varias fases:

1. **Clasificación y desmontaje:** separación de los RAEE según el tipo de aparato y desmontaje manual o automatizado para extraer los materiales reutilizables.
2. **Descontaminación:** eliminación de las sustancias peligrosas para evitar la contaminación ambiental.
3. **Recuperación de materiales:** extracción de los metales como oro, cobre y aluminio, así como de plásticos y vidrios, para su reutilización en otras aplicaciones.
4. **Eliminación segura:** los componentes no reciclables o peligrosos se someten a procesos de neutralización y eliminación conforme a la normativa ambiental.

## Recuerde

El tratamiento selectivo busca maximizar el aprovechamiento de los recursos y minimizar la generación de residuos, promoviendo la economía circular y reduciendo el impacto ambiental de los RAEE.

## 3.6. Lugares de reciclaje y eliminación de residuos informáticos

El Real Decreto 110/2015, de 20 de febrero, regula la gestión de los residuos de los aparatos eléctricos y electrónicos (RAEE) en España. Este real decreto establece las responsabilidades de los productores, distribuidores y gestores de residuos, así como los métodos para el reciclaje y la eliminación segura de los residuos informáticos, entre otros aparatos electrónicos.

En relación con los lugares de reciclaje y eliminación de residuos informáticos, el real decreto establece que pueden ser los siguientes:

- **Puntos limpios municipales:** son instalaciones habilitadas por los ayuntamientos y corporaciones locales para la recogida de residuos, incluidos los aparatos informáticos. Estos puntos permiten a los ciudadanos entregar sus dispositivos electrónicos y tecnológicos de manera responsable.
- **Centros autorizados de tratamiento (CAT):** instalaciones especializadas en el tratamiento de los residuos de los aparatos eléctricos y electrónicos. Están autorizados por la administración competente para la recogida, el reciclaje y la eliminación de RAEE, cumpliendo con los requisitos medioambientales establecidos.
- **Recogida a través de los establecimientos:** según el real decreto, los comercios que vendan productos electrónicos deben ofrecer la posibilidad de recoger los aparatos viejos o inutilizados a los consumidores cuando venden un producto nuevo. Esto también es aplicable a los equipos informáticos.
- **Sistemas de gestión de RAEE:** son sistemas colectivos de gestión de RAEE que se encargan de la recogida y tratamiento de estos residuos de forma adecuada, promoviendo el reciclaje y la reutilización de los componentes valiosos.

## 3.7. Manejo de los residuos según el Real Decreto 110/2015

Según el Real Decreto 110/2015, el manejo de los residuos de los aparatos eléctricos y electrónicos (RAEE) debe seguir una serie de principios y procedimientos para garantizar su tratamiento adecuado y minimizar los impactos negativos en el medioambiente.

### Responsabilidad del productor

El productor, que pone el aparato en el mercado, tiene la responsabilidad de garantizar que los residuos generados por los productos que pone en circulación se gestionan de manera adecuada. Esto incluye:

- **Financiar la recogida y tratamiento de los RAEE:** los productores deben estar inscritos en el sistema de gestión de los RAEE y financiar su recogida y reciclaje.

- **Informar a los consumidores:** deben proporcionar información sobre cómo devolver los aparatos al final de su vida útil y sobre los puntos de recogida disponibles.

### Recogida selectiva

Los RAEE deben recogerse separados de otros residuos domésticos. Esto implica la implantación de los **puntos de recogida** donde los consumidores pueden llevar sus equipos, o establecimientos en los que los usuarios pueden entregar sus viejos dispositivos al comprar uno nuevo.

### Tratamiento y reciclaje

Una vez recogidos, los residuos informáticos deben ser gestionados por centros autorizados de tratamiento (CAT). En estos centros, se siguen los siguientes procesos:

1. **Desmontaje:** separación de los componentes reciclables, como metales, plásticos, vidrio y materiales peligrosos como las baterías.
2. **Reciclaje:** recuperación de los materiales valiosos, como oro, plata, cobre, entre otros, a partir de las partes electrónicas y de las placas de circuito.
3. **Eliminación segura:** los materiales no reciclables deben ser gestionados de manera segura para evitar impactos ambientales, como la contaminación del suelo o el agua.

### Minimización de los impactos ambientales

El tratamiento de los RAEE debe realizarse de acuerdo con los principios de precaución y minimización de los impactos negativos sobre la salud humana y el medioambiente. Esto incluye:

- **Eliminación de sustancias peligrosas:** se deben retirar las sustancias como el plomo, el mercurio, el cadmio y otras presentes en muchos aparatos electrónicos.
- **Reciclaje y reutilización:** se debe maximizar la reutilización de los materiales y componentes, y la recuperación de las sustancias valiosas.

**Rastro y trazabilidad**

El real decreto también exige un control y seguimiento de los residuos informáticos a lo largo de todo el proceso, desde la recogida hasta la eliminación o reciclaje, para asegurar que se gestionan adecuadamente.

**Obligaciones de los distribuidores**

Los distribuidores de aparatos electrónicos deben:

- **Recoger los RAEE:** ofrecer la opción de recoger los aparatos viejos cuando el consumidor adquiera uno nuevo, sin coste adicional, siempre que el consumidor no exceda el volumen de residuos especificado (habitualmente un equipo por cada nuevo adquirido).
- **Informar sobre el reciclaje:** informar a los consumidores sobre la manera de deshacerse de sus residuos de manera responsable.

**Educación y sensibilización**

El real decreto fomenta la educación y la sensibilización sobre la importancia del reciclaje y la correcta gestión de los RAEE para evitar la contaminación y aprovechar los materiales reciclables.

## 3.8. Símbolo de recogida selectiva

El símbolo de recogida selectiva, según el anexo V del Real Decreto 110/2015, hace referencia a la identificación de los productos o envases que deben ser reciclados o gestionados de acuerdo con las normativas de reciclaje y residuos. El símbolo que indica la recogida separada de AEE es el contenedor de basura tachado con un aspa.

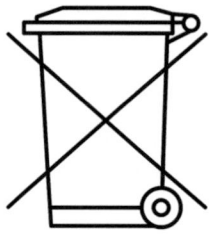

*Símbolo de recogida separada de AEE*

Este símbolo indica que el producto debe depositarse en el contenedor correspondiente según el tipo de material (plástico, vidrio, papel, etc.). Este símbolo se estampará de manera visible, legible e indeleble.

 Aplicación práctica

La empresa Electrodomésticos XYZ es un distribuidor de productos electrónicos que vende aparatos como frigoríficos, microondas, teléfonos móviles y otros equipos electrónicos. Según la normativa española sobre la gestión de RAEE (Real Decreto 110/2015), debe cumplir con una serie de responsabilidades en el momento de distribuir estos productos.

¿Cuáles son las principales obligaciones de la empresa Electrodomésticos XYZ como distribuidor de RAEE?

**SOLUCIÓN**

Según el Real Decreto 110/2015, las principales obligaciones de los distribuidores de RAEE son las siguientes:

I **Recoger los RAEE:** los distribuidores deben ofrecer un sistema de recogida de los residuos electrónicos que provengan de los consumidores, de manera que estos puedan entregar los dispositivos antiguos al comprar uno nuevo.
I **Información al consumidor:** deben informar a los consumidores sobre la forma en la que deben gestionar sus residuos electrónicos, incluyendo las opciones para devolverlos y la importancia de no mezclar los RAEE con los residuos domésticos comunes.
I **Garantizar la entrega gratuita de los RAEE:** la recogida de los RAEE debe ser gratuita para los consumidores cuando adquieran un producto nuevo de tipo similar.

Continúa en página siguiente >>

<< Viene de página anterior

▮ **Inscripción en el sistema de gestión de RAEE:** la empresa debe estar registrada en el sistema de gestión colectivo autorizado para asegurar que los residuos son tratados correctamente.

---

 **Actividades**

1. Investigue acerca del reciclado de los cartuchos de tóner.
2. ¿Qué proceso se sigue para reciclar las memorias USB y los discos duros?
3. Analice acerca de las ventajas del reciclado de los materiales fungibles.
4. Investigue acerca del reciclaje en su localidad.
5. Realice una comparativa de las categorías AEE antes y después de agosto de 2018.
6. Investigue la misión que desarrolla la empresa Ecoembes.
7. Realice una tabla en la que se recojan los símbolos correspondientes a la recogida selectiva.

---

## 4. Real Decreto 106/2008, sobre pilas y acumuladores y la gestión ambiental de sus residuos

El Real Decreto 106/2008 fue modificado por el Real Decreto 710/2015, del 24 de julio, debido a la transposición de la Directiva 2006/66/CE del Parlamento Europeo y del Consejo, de 6 de septiembre, relativa a las pilas y acumuladores y a los residuos de las pilas y acumuladores, por la que se deroga la Directiva 91/157/CEE, lo que provoca que actualmente ambas leyes estén en vigor.

Esta directiva impone a los Estados miembros la obligación de prohibir la puesta en el mercado de pilas y acumuladores con contenido de mercurio y de cadmio por encima de determinados porcentajes exceptuando, entre otras, las pilas botón con un contenido de mercurio superior al 2 % en peso y las pilas y acumuladores portátiles que contengan cadmio destinados a ser utilizados en herramientas eléctricas inalámbricas.

## 4.1. Objeto, ámbito de aplicación y definiciones

Tanto el Real Decreto 106/2008 como el Real Decreto 710/2015 tienen como objetivo principal proteger el medioambiente y la salud humana, promoviendo el reciclaje y la reutilización de los materiales contenidos en estos aparatos, reduciendo su impacto ambiental.

### Objeto del Real Decreto

El objeto del Real Decreto 106/2008, de 1 de febrero, es regular la gestión de los residuos de los aparatos eléctricos y electrónicos (RAEE) en España. Este real decreto establece las obligaciones y procedimientos para la gestión adecuada de los residuos generados por los aparatos eléctricos y electrónicos, con el fin de reducir su impacto ambiental.

En concreto, el Real Decreto 106/2008 se basa en los principios de "quien contamina paga" y de responsabilidad del productor:

a. Prevenir la generación de residuos de pilas y acumuladores, facilitar su recogida selectiva y su adecuado tratamiento y reciclaje, con el objetivo de minimizar su peligrosidad y evitar que las pilas, acumuladores y baterías usadas sean eliminadas en el flujo de residuos urbanos no seleccionados.

b. Establecer normas para la comercialización de pilas, acumuladores y baterías, prohibiendo aquellas que contengan ciertas cantidades de sustancias peligrosas.

c. Establecer normas específicas para la gestión y reciclaje de residuos de pilas y acumuladores, promoviendo su alta recogida y reciclaje.

Estas medidas tienen como objetivo mejorar el rendimiento ambiental de las pilas, acumuladores y baterías, así como las actividades de todos los operadores involucrados en su ciclo de vida, incluidos los productores, distribuidores, usuarios finales y gestores de residuos de pilas y acumuladores.

## Ámbito de aplicación

Este real decreto se aplicará a todo tipo de pilas, acumuladores y baterías, independientemente de su forma, volumen, peso, composición o uso, que se comercialicen en España, incluidas las baterías de los vehículos eléctricos.

Este real decreto no se aplica a las pilas, acumuladores y baterías utilizados en los equipos militares o destinados a ser enviados al espacio.

## Definiciones clave

El real decreto establece las siguientes definiciones:

- **Pila:** dispositivo que proporciona energía eléctrica mediante la conversión directa de energía química, compuesto por uno o varios elementos primarios no recargables.
- **Acumulador:** fuente de energía eléctrica generada por la conversión directa de energía química, compuesta por uno o varios elementos recargables.
- **Pila botón:** acumulador pequeño, portátil y redondo, con mayor diámetro que altura. Se utiliza en audífonos, relojes, aparatos portátiles y dispositivos de reserva.
- **Pila estándar:** batería de menos de 1 kg, distinta de las pilas botón, diseñada para productos de consumo masivo o uso profesional.
- **Pila o acumulador portátil:** cualquier pila, batería o acumulador sellado, portátil y que no sea industrial ni de automoción, como pilas botón, baterías estándar y acumuladores para teléfonos móviles, videocámaras, luces de emergencia y herramientas portátiles.
- **Batería:** conjunto de pilas o acumuladores conectados entre sí, formando una unidad integrada y cerrada dentro de una carcasa exterior que no está diseñada para ser desmontada ni abierta por el usuario final.
- **Tratamiento:** toda actividad llevada a cabo con los residuos de pilas o acumuladores tras su entrega en una instalación para su clasificación final, preparación para el reciclaje o disposición final.
- **Aparato:** dispositivo eléctrico o electrónico que se alimente total o parcialmente con pilas o acumuladores.

- **Herramienta eléctrica inalámbrica:** dispositivo o aparato portátil, alimentado por una batería o acumulador, diseñado para su uso en tareas de mantenimiento, construcción o jardinería.
- **Centro de almacenamiento temporal:** instalación utilizada para almacenar y clasificar los residuos de pilas y acumuladores recogidos selectivamente, antes de su envío a las plantas de tratamiento y reciclaje.

## 4.2. Tipos de pilas y acumuladores

El Real Decreto 106/2008 clasifica estos elementos en diferentes tipos según su composición y características. Los tipos de pilas y acumuladores según este real decreto son:

### Pilas y acumuladores portátiles

Son los dispositivos que se utilizan en los equipos portátiles o de mano, tales como relojes, juguetes, teléfonos móviles, cámaras digitales, etc. Se distinguen los siguientes:

- **Pilas alcalinas:** utilizan hidróxido de potasio o carbonato como electrolito.
- **Pilas de litio:** contienen compuestos de litio, como el litio metálico o el óxido de litio.
- **Pilas de zinc-carbono:** son las pilas más tradicionales, con zinc y dióxido de manganeso.
- **Pilas recargables:** como las pilas de níquel-cadmio (NiCd) o de níquel-hidruro metálico (Ni-MH).

### Pilas y acumuladores industriales

Son aquellos diseñados para aplicaciones específicas en sectores industriales, como maquinaria, equipos de energía, etc. Son más grandes y generalmente no están pensados para el consumidor común.

### Pilas y acumuladores de vehículos

Son las pilas y acumuladores utilizados en los vehículos a motor, como las baterías de coches, autobuses o motocicletas. Estas generalmente son de plomo-ácido, aunque algunos vehículos híbridos o eléctricos utilizan otros tipos de baterías.

### Pilas botón

Son pequeñas pilas circulares que se usan en relojes, audífonos, calculadoras y otros dispositivos pequeños.

## 4.3. Recogida, tratamiento y reciclaje

El Real Decreto 106/2008, que regula la gestión de residuos de pilas y acumuladores en España, establece directrices para la recogida, el tratamiento y el reciclaje de estos productos para minimizar su impacto ambiental y promover su reutilización.

### Recogida

El real decreto establece que los productores de pilas y acumuladores tienen la obligación de establecer y financiar los sistemas de recogida adecuados para estos residuos. Esto incluye la implantación de puntos de recogida gratuitos para los consumidores, como contenedores en comercios, puntos limpios, centros de reciclaje y otros puntos de recogida autorizados.

También promueve la recogida selectiva de pilas y acumuladores, asegurando que se separen de otros tipos de residuos para facilitar su reciclaje. Los consumidores deben poder entregar las pilas y acumuladores usados en los lugares en los que no se generen costes adicionales, como centros de reciclaje o puntos limpios.

### Tratamiento

El tratamiento de las pilas y acumuladores debe realizarse en instalaciones autorizadas que sigan estrictas normativas ambientales. Este proceso incluye la descontaminación de las pilas, especialmente de aquellas que contienen sustancias peligrosas, como mercurio, cadmio o plomo.

Se deben tomar medidas para evitar que las sustancias peligrosas presentes en las pilas contaminen el medioambiente. Las pilas y acumuladores deben someterse a un tratamiento adecuado para la eliminación de estos componentes tóxicos.

### Reciclaje

Este real decreto promueve el reciclaje de las pilas y acumuladores mediante la recuperación de materiales valiosos como el plomo, el níquel, el zinc, el manganeso y el litio. Estos materiales pueden reutilizarse en la fabricación de nuevos productos, contribuyendo a la economía circular.

Los productores están obligados a garantizar que, al menos, el 45 % de las pilas y acumuladores recogidos se reciclen. Además, deben informar sobre las tasas de reciclaje de los productos que comercializan.

## 4.4. Símbolo de recogida selectiva

En España, la gestión de residuos de pilas y acumuladores está regulada por el Real Decreto 106/2008 y, para facilitar su correcta disposición, se utiliza un símbolo de recogida selectiva que indica que las pilas y acumuladores deben ser reciclados adecuadamente y no deben desecharse con los residuos domésticos comunes.

Además del símbolo de recogida selectiva, el contenedor de basura tachado con un aspa, en el caso de las pilas y acumuladores también se suele incorporar un símbolo específico según el material utilizado en las mismas.

# Batteries

*Códigos de reciclado de distintos materiales*

 **Aplicación práctica**

Como experto en baterías de un centro de reciclaje, debe clasificar diferentes tipos de pilas y acumuladores según sus características y aplicaciones.

Las baterías que debe clasificar son de los tipos siguientes:

Pila alcalina, pila de litio, batería de plomo-ácido, pila recargable de níquel-cadmio (NiCd), acumulador de iones de litio (Li-ion).

¿Qué tipo de pilas y acumuladores tienen un menor impacto ambiental y por qué?

**SOLUCIÓN**

Aunque todas las pilas y acumuladores tienen un impacto ambiental, el acumulador de iones de litio (Li-ion) es la opción más ecológica gracias a su mayor eficiencia, menor toxicidad, reciclabilidad y capacidad para durar más tiempo.

 **Actividades**

8. Investigue sobre la certificación *Energy Star* que se implanta en los monitores.
9. Analice el impacto medioambiental que tiene tirar una batería a la basura convencional.

## 4.5. Normas para reducir el impacto medioambiental en el empleo de los equipos informáticos

Para reducir el impacto medioambiental de la informática de manera más amplia, se pueden implementar una serie de medidas estructuradas tanto a nivel de diseño y fabricación de los dispositivos como en su uso y disposición al final de su vida útil. Algunas de las estrategias y normativas relevantes para favorecer la sostenibilidad en el sector informático se muestran a continuación.

**Eficiencia energética**

Las normas que regulan la eficiencia energética en los equipos informáticos son fundamentales para minimizar el impacto ambiental de la informática. Estos estándares incluyen:

- *Energy Star:* programa voluntario para la certificación de eficiencia energética, creado por la Agencia de Protección Ambiental (EPA) de los Estados Unidos. Los dispositivos informáticos que reciben esta certificación cumplen con los criterios de bajo consumo energético durante el uso y en modo de espera, lo que ayuda a reducir la huella de carbono.
- **EU** *Energy Label:* en la Unión Europea, los equipos informáticos como ordenadores y monitores deben llevar una etiqueta energética que califique su eficiencia en una escala de A+++ a D, siendo A+++ los más eficientes. Esta etiqueta ayuda a los consumidores a tomar decisiones informadas sobre el consumo energético de los dispositivos.

**Reducción del consumo eléctrico**

Los dispositivos informáticos deben disponer de configuraciones de ahorro energético, como el modo de suspensión o apagado automático cuando no se usan. Esto no solo reduce el consumo de energía, sino que también mejora la durabilidad de los equipos.

Promover el uso de servidores virtualizados en lugar de servidores físicos optimiza el uso de la infraestructura tecnológica y reduce significativamente el consumo energético en los centros de datos.

## Uso de materiales reciclables

El diseño ecológico implica la selección de materiales que sean fácilmente reciclables o biodegradables. El uso de materiales como plástico o aluminio reciclado y metales menos tóxicos contribuye a la reducción de la huella de carbono del proceso de fabricación y facilita el reciclaje de los dispositivos al final de su vida útil.

## Eliminación de sustancias tóxicas

Muchos dispositivos electrónicos tradicionales contienen metales pesados como plomo, cadmio, mercurio y arsénico, que son altamente contaminantes cuando los equipos se desechan inadecuadamente. El diseño sostenible busca minimizar o eliminar el uso de estas sustancias en la fabricación de productos electrónicos.

## Reciclaje y reutilización

El reciclaje de los dispositivos informáticos permite recuperar metales valiosos como el oro, la plata, el cobre, el plomo, el litio y el cobalto, materiales que pueden ser reutilizados en la fabricación de nuevos productos. El reciclaje reduce la necesidad de extraer estos materiales de la naturaleza, lo cual implica menos impacto ambiental por la minería.

## Optimización de *software*

El desarrollo y uso de *software* eficiente es clave para reducir la demanda de recursos en los dispositivos informáticos. Programas optimizados requieren menos memoria, menos capacidad de procesamiento y, por lo tanto, menos energía. La eficiencia del *software* también reduce el desgaste de los equipos, prolongando su vida útil y retrasando la necesidad de reemplazarlos.

## Virtualización de servidores

La virtualización permite ejecutar múltiples sistemas operativos y aplicaciones sobre un solo servidor físico, lo que reduce la cantidad de servidores necesarios en un centro de datos. Menos servidores físicos se traducen en menores necesidades de energía, menos espacio de almacenamiento y menores costes de refrigeración, lo que reduce significativamente el impacto ambiental de los centros de datos.

## Certificación ambiental ISO 14001

La ISO 14001 es una norma internacional que establece los requisitos para un sistema de gestión ambiental eficiente. Las empresas de tecnología que implementan esta norma demuestran su compromiso con la reducción del impacto ambiental, la mejora continua y el cumplimiento de las normativas ambientales locales e internacionales. En el contexto de la informática, esta certificación ayuda a las empresas a gestionar los residuos electrónicos de manera responsable y a optimizar el consumo de recursos.

## Reutilización de equipos

La economía circular busca maximizar el ciclo de vida de los productos, lo que en el caso de la informática significa que los dispositivos deben ser reutilizados, remanufacturados o vendidos de segunda mano. Alargar la vida útil de los equipos reduce la demanda de producción de nuevos dispositivos y, por lo tanto, la extracción de recursos naturales y la generación de residuos.

## Reciclaje de componentes

Además de los dispositivos completos, los componentes internos de los equipos informáticos, como placas base, memorias, pantallas y baterías, deben ser reciclados de manera responsable. Este proceso de reciclaje implica la separación y recuperación de materiales valiosos, y evita la contaminación de suelos y aguas debido a los metales pesados contenidos en estos componentes.

## Digitalización de documentos

Promover la gestión electrónica de los documentos reduce la necesidad de imprimir, lo que contribuye directamente a la disminución del consumo de papel y tinta. Los documentos electrónicos pueden ser almacenados y gestionados de manera eficiente, facilitando el acceso y reduciendo la huella de carbono asociada con la producción de papel.

**Impresoras eficientes**

Las impresoras también deben cumplir con normas de eficiencia energética y ser utilizadas con responsabilidad. Las impresoras de inyección de tinta que consumen menos energía y tinta son una opción más ecológica en comparación con las impresoras láser, que suelen consumir más energía.

## 5. Resumen

El Real Decreto 110/2015 regula la gestión de los residuos de los aparatos eléctricos y electrónicos (RAEE) en España, con el objetivo de minimizar su impacto ambiental mediante la prevención, reutilización, reciclaje y valorización de los materiales. Establece responsabilidades claras para fabricantes, distribuidores y consumidores, promoviendo un modelo de economía circular. El real decreto clasifica los aparatos en categorías para facilitar su recolección y tratamiento y refuerza el control sobre la gestión de residuos.

El tratamiento de los RAEE se basa en cuatro operaciones: reutilización, reciclaje, valorización energética y eliminación. Los materiales peligrosos, como mercurio y plomo, requieren un tratamiento selectivo para evitar la contaminación. Además, los productores deben financiar la recogida y el reciclaje de sus productos, y los distribuidores deben ofrecer la recogida de residuos al vender nuevos dispositivos.

El real decreto también promueve la educación y sensibilización sobre la correcta gestión de residuos y establece puntos de recogida, como los centros autorizados y los comercios, para facilitar el reciclaje de los RAEE.

El Real Decreto 106/2008 regula la gestión ambiental de las pilas y acumuladores en España, con el objetivo de reducir su impacto ambiental mediante su reciclaje y reutilización. Modificado por el Real Decreto 710/2015, este reglamento establece que los productores deben prevenir la generación de residuos y facilitar su recogida y tratamiento adecuado. Se prohíbe la comercialización de pilas y acumuladores con altos contenidos de mercurio y cadmio, excepto en casos específicos.

El real decreto se aplica a todos los tipos de pilas, acumuladores y baterías, incluyendo las de los vehículos eléctricos, pero excluye aquellos destinados a uso militar o espacial. Regula las definiciones de las pilas y acumuladores, especificando distintas categorías como las portátiles, industriales, de vehículos y de botón.

Además, establece que los productores deben financiar los sistemas de recogida de residuos, promoviendo la recogida selectiva en puntos autorizados. El tratamiento debe realizarse en instalaciones que prevengan la contaminación por sustancias peligrosas. También se promueve el reciclaje de materiales valiosos de las pilas, con un objetivo mínimo del 45 % de los productos recogidos reciclados. Para garantizar una correcta disposición, las pilas deben llevar un símbolo de recogida selectiva.

El impacto ambiental de la informática se puede reducir mediante varias estrategias centradas en la eficiencia energética, el diseño sostenible, el reciclaje y la economía circular. Las normas como *Energy Star* y el EU *Energy Label* fomentan el uso de equipos energéticamente eficientes, mientras que el diseño ecológico promueve el uso de materiales reciclables y la eliminación de sustancias tóxicas.

Las certificaciones como ISO 14001 y EPEAT impulsan las prácticas ambientales responsables, y la economía circular fomenta la reutilización de equipos y componentes. Finalmente, la digitalización reduce el uso de papel, lo que también disminuye el impacto ambiental. Implementando estas estrategias, el sector informático puede avanzar hacia una mayor sostenibilidad.

Reducir el impacto ambiental de la informática no solo involucra el diseño y fabricación de equipos sostenibles, sino también la implementación de un ciclo de vida completo que considere la eficiencia energética, el reciclaje de materiales, la reducción de residuos y el uso responsable del *software*. A medida que las normativas ambientales se hacen más estrictas y las prácticas sostenibles se vuelven más accesibles, tanto los consumidores como las empresas deben asumir la responsabilidad de disminuir su huella ecológica, lo que lleva a un sector tecnológico más verde y circular.

Ejercicios de repaso y autoevaluación

1. **Indique si las siguientes afirmaciones son verdaderas o falsas.**

   a. El tratamiento de los residuos informáticos es un aspecto clave en la gestión del medioambiente.

      ☐ Verdadero
      ☐ Falso

   b. Los equipos, periféricos o consumibles no permiten el reciclaje y la reutilización.

      ☐ Verdadero
      ☐ Falso

   c. La recogida selectiva, la reparación y la recuperación de los equipos pueden extender la vida útil de los mismos y aumentar la cantidad de desechos generados.

      ☐ Verdadero
      ☐ Falso

2. **Cumplimente los espacios faltantes en la siguiente afirmación:**

   El ciclo de _____ de los equipos _____ abarca todas las _____ por las que pasa un dispositivo _____, desde su _____ hasta su _____. Conocer este proceso es fundamental para _____ su _____ ambiental y social, así como para aplicar estrategias de _____ y _____ que _____ los _____ electrónicos.

3. **Enumere los distintos tipos de obsolescencia programada.**

   _____
   _____
   _____
   _____
   _____

**4. ¿Qué tipo de obsolescencia programada afecta a los equipos informáticos?**

    a. Obsolescencia estética
    b. Obsolescencia de *software*
    c. Obsolescencia inducida
    d. Obsolescencia de *hardware*

**5. ¿Qué objetivo tiene el derecho a reparar implementado por la Unión Europea?**

    a. Promover un modelo de consumo desechable.
    b. Facilitar y abaratar la reparación de productos tecnológicos.
    c. Reducir el impacto ambiental de los residuos electrónicos.
    d. Limitar el acceso a la tecnología.

**6. ¿Qué incluye la recogida selectiva según el Real Decreto 110/2015?**

    a. La recogida diferenciada de los residuos de aparatos eléctricos y electrónicos (RAEE) para facilitar su reutilización, reciclaje y correcta gestión
    b. La eliminación directa de los residuos electrónicos en vertederos autorizados sin necesidad de separación previa
    c. La incineración de residuos electrónicos para reducir su volumen sin procesos de reciclaje
    d. La recolección de residuos electrónicos únicamente por parte de fabricantes, sin participación de puntos de recogida municipales

**7. ¿Qué objetivo tiene el tratamiento selectivo de los materiales en residuos electrónicos?**

    a. Garantizar que los residuos electrónicos sean almacenados indefinidamente sin procesarlos.
    b. Facilitar la recuperación de materiales valiosos y reducir el impacto ambiental.
    c. Acelerar la producción de nuevos dispositivos al desechar los antiguos rápidamente.
    d. Evitar el reciclaje de componentes electrónicos para fomentar la compra de productos nuevos.

8. ¿Qué materiales se pueden recuperar del reciclaje de las placas de los circuitos electrónicos?

    a. Plomo, oro y cobre.
    b. Algodón, silicio y vidrio.
    c. Carbón, titanio y mercurio.
    d. Petróleo, aluminio y níquel.

9. Cumplimente los espacios faltantes en la siguiente afirmación:

La _____ establece, entre otras _____ para los _____ de los _____ eléctricos y _____, la _____ de la _____ y el _____ de los _____ que _____ sus productos al _____ de su vida _____, asegurando su correcta _____.

10. ¿Qué tipo de residuo se considera peligroso en el Real Decreto 106/2008?

    a. Residuos plásticos provenientes de envases reciclables.
    b. Residuos electrónicos que contienen componentes como mercurio o plomo.
    c. Residuos de papel provenientes de la industria editorial.
    d. Residuos orgánicos de la agricultura que no contienen productos químicos.

# Bibliografía

## Monografías

▌ BERRAL Montero, I.: *Montaje y mantenimiento de sistemas y componentes informáticos.* Barcelona: Ediciones Paraninfo, 2019.

▌ CERVANTES Alarcón, A. y LÓPEZ Fernández, J. A.: *Montaje y mantenimiento de sistemas y componentes informáticos.* Madrid: Editorial Síntesis, 2019.

▌ MARTÍNEZ Boliches, S.: *Montaje y mantenimiento de equipos.* Madrid: Macmillan Publishers, 2012.

▌ MORENO Pérez, J. C.: *Montaje y Mantenimiento de Equipos.* Madrid. Editorial Síntesis, 2019.

## Legislación

▌ Directiva 2012/19/UE del Parlamento Europeo y del Consejo, de 4 de julio de 2012, sobre residuos de aparatos eléctricos y electrónicos (RAEE).

▌ Reglamento (UE) n° 333/2011 del Consejo, de 31 de marzo de 2011, por el que se establecen criterios para determinar cuándo determinados tipos de chatarra dejan de ser residuos con arreglo a la Directiva 2008/98/CE del Parlamento Europeo y del Consejo.

▌ Real Decreto 110/2015, de 20 de febrero, sobre los residuos de aparatos eléctricos y electrónicos.

Real Decreto 106/2008, de 1 de febrero, sobre pilas y acumuladores y la gestión ambiental de sus residuos.

Ley 7/2022, de 8 de abril, de residuos y suelos contaminados para una economía circular.

Directiva 2018/851/UE sobre la gestión de residuos, que actualiza las normativas europeas, promoviendo la economía circular y el reciclaje de productos electrónicos y sus componentes.

**Textos electrónicos, bases de datos y programas informáticos**

EDEA - Junta de Andalucía, de:
<https://edea.juntadeandalucia.es/bancorecursos/file/07a6ee8a-eda5-4850-a5b7-ff47fc1e6e42/1/es-an_2018090712_9123525.zip/3_sistemas_operativos.html>.

LOPE González, de: <https://lopegonzalez.es/eso-y-bachillerato/digitalizacion-4o-eso/tema-1-dispositivos-digitales-sistemas-operativos-y-de-comunicacion/>.

Oposinet, de: <https://www.oposinet.com/temario-de-gestion-administrativa-fp/temario-1-gestion-admistrativa/tema-46-sistemas-operativos/>.

TIC en el aula, de: <https://ticenelaula.es/sistemas-operativos/>.

Universidad de La Rioja, de:
<https://www.unirioja.es/cu/jearansa/1112/ficheros/Tema_3.pdf>.